Änne Gröschler

Aus dieser schweren Zeit

Herausgegeben von Hartmut Peters

FUEGO

Bibliografische Information der Deutschen Nationalbibliothek:
Die Deutsche Nationalbibliothek verzeichnet diese Publikation in der Deutschen Nationalbibliografie; detaillierte bibliografische Daten sind im Internet über www.dnb.de abrufbar.

Coverfoto: © Collection B. Löwenberg, Rotterdam.
Rückseitenfoto: © Weidner Händle, Stuttgart.
Design & Satz: FUEGO/Friedel Muders.
Vielen Dank an Gerhard Frerichs, Jever, für die Satzvorlage und an Andreas Reiberg, Wangerland, für die Gestaltungsidee des Einbands.
Herstellung: BoD – Books on Demand, Norderstedt.

Der von Hartmut Peters herausgegebene Bericht von Änne Gröschler erschien 2017 in einer deutsch-englischen Ausgabe unter dem Titel „Aus dieser schweren Zeit / About these Hard Times" im Verlag Hermann Lüers, Jever.

1. Auflage: Bremen 2020
Auch als Ebook erhältlich

www.fuego.de

ISBN: 978-3-86287-968-7

Schriften zur Geschichte des Nationalsozialismus und der Juden im Landkreis Friesland, Nr. 1a; hrsg. v. Holger Frerichs und Hartmut Peters.
Diese Publikation wurde gefördert durch

GRÖSCHLERHAUS
JEVER

Änne Gröschler

Aus dieser schweren Zeit

Eine Jüdin aus Jever berichtet über ihre Verfolgung durch die Nationalsozialisten und ihre Rettung durch den „Transport 222“ vom KZ Bergen-Belsen 1944 nach Palästina

Herausgegeben und eingeleitet
von Hartmut Peters

FUEGO

Einleitung

Der „Transport 222" führte im Juli 1944 die deutsche Jüdin Änne Gröschler aus einem Konzentrationslager der SS nach Palästina – in die „nationale Heimstätte der Juden" im Machtbereich des deutschen Kriegsgegners Großbritannien. Die Rettung mit einem Eisenbahntransport von Celle nach Haifa gleicht einem Mirakel und fand statt, als der Holocaust in Auschwitz mit der Ermordung der ungarischen Juden seinen Höhepunkt erreichte. Es existieren nur wenige Augenzeugenberichte über diese Fahrt[1]. Kein anderer Bericht dokumentiert so umfassend auch die Stationen davor, die Änne Gröschler im nationalsozialistischen Deutschland, in den Niederlanden vor und nach der Okkupation, im Durchgangslager Westerbork und im Konzentrations- und Austauschlager Bergen-Belsen durchleiden musste.

Wir erfahren, wie eine Frau den sozialen Abstieg von der hofierten Honoratioren-Gattin zur „Judenziege", zu einem zur Vernichtung bestimmten „Untermenschen" empfunden und verarbeitet hat. Präzise schildert Änne

1) Zu nennen sind vor allem Simon Heinrich Hermann, der bereits 1944 in Tel Aviv eine Analyse des Austauschtransports, seiner Vorgeschichte und des Lagers Bergen-Belsen veröffentlichte, und Helmuth Mainz, von dessen ebenfalls 1944 entstandenem Bericht bisher nur ein Teil (Oppenheimer 167 – 186) publiziert wurde.

1: Änne Gröschler, um 1930

Gröschler, wie sie den Alltag in der antisemitisch geprägten Kleinstadt Jever und in den anfangs toleranten Niederlanden, das Lagerleben und -sterben und die spannungsreiche, am Schluss fast festliche Fahrt in die Freiheit erlebt hat. Aber nicht die vielen, bisher unbekannten Fakten sind das eigentlich Besondere, sondern die Zwischentöne des persönlichen Schreibstils. Diese erschließen dem Leser den Menschen hinter den Ereignissen. Änne Gröschler besaß Stärke, Stolz und Zuversicht und lehnte die ihr zugedachte Opferrolle ab. Gleichzeitig werden die Wunden deutlich, die ihr die rassistische Gewaltpolitik Deutschlands geschlagen hat. Die sprachlich gewandte Chronistin hat trotz aller Demütigungen und Verluste ein dennoch differenziertes Bild der Zeit, auch der Täter, gezeichnet und ein einzigartiges Dokument hinterlassen.

Der Bericht über die Ereignisse der Jahre 1933 bis 1944 war ursprünglich nicht zur Veröffentlichung, sondern zur persönlichen Bewältigung der traumatischen Erfahrungen und zur Information der Familie gedacht. Er ist jedoch von allgemeiner Bedeutung und wird, mit Erlaubnis der Enkel und Enkelinnen der Verfasserin, veröffentlicht.

Biografische Notizen und Inhalt des Berichts

Änne Gröschler kam am 16. August 1888 in Osnabrück als Tochter von Bernhard (1858 – 1931) und Friederike Steinfeld geb. Cohen (1863 – 1935) zur Welt. Steinfeld besaß seit 1891 in der Osnabrücker Innenstadt, im klassizistischen Haus Lodtmann, ein Geschäft für „Manufactur-Modewaren und Confection“. Änne heiratete am 26. April 1914 in Jever Hermann Gröschler (1880 Jever –1944 KZ Bergen-Belsen), der zusammen mit seinem jüngeren Bruder Julius (1884 Jever – 1944 Vernichtungslager Auschwitz-Birkenau) die vom Vater Simon Gröschler gegründete, regional bedeutende Rohprodukten- und Altwarenhandelsfirma „Simon Gröschler KG“ leitete. Die Firma hatte an der Albanistraße 1 in Jever ihren Betriebssitz und beschäftigte noch 1938 acht Mitarbeiter. Für einige selbst entwickelte Verfahren zur Wiedergewinnung von Rohstoffen bestanden Patente.

Hermann Gröschler war seit 1923 Vorsteher der jüdischen Gemeinde in Jever, die 1933 etwa 110 Mitglieder zählte. Außerdem gehörte er bis zu seinem Ausschluss durch die Nationalsozialisten im März 1933 dem Rat der Stadt Jever an (Fraktion der Deutschen Demokratischen Partei bzw. der Deutschen Staatspartei). Der liberale Demokrat erhob in Leserbriefen an die örtliche Tageszeitung „Jeversches Wochenblatt“ schon Mitte der 1920er Jahre seine Stimme gegen den aufkommenden Antisemitismus in Jever. Er bekleidete zahlreiche Ehrenämter wie etwa den Vorsitz des loka-

■ 2: Friederike (1863-1935) und Bernhard Steinfeld (1858-1931), die Eltern von Änne Gröschler in Osnabrück, um 1910

len Arbeitgeberverbandes und war in den Vorständen des Arbeitsamts der Jadestädte Wilhelmshaven/Rüstringen und der Städtischen Sparkasse Jever vertreten.

■ 3: Hermann Gröschler, um 1930

Die wohlhabende Familie zählte zu den Honoratioren der damals rund 6.000 Einwohner zählenden friesischen Klein- und Kreisstadt und blieb wohl deshalb zunächst von direkten persönlichen Anfeindungen weitgehend verschont. Jever und das agrarisch geprägte Umland waren bereits seit Beginn der 1920er Jahre eine Hochburg der völkischen Bewegung, in der die ersten Nationalsozialisten eine wichtige Rolle einnahmen, und ab 1928/29 der NSDAP. Bereits bei den Reichstagswahlen von Mai 1924 erzielte hier der Völkisch-Soziale Block eines seiner Spitzenergebnisse: 22,6 Prozent der Stimmen, bei 6,6 Prozent Zustimmung im gesamten Reich. Im März 1933 kam die NSDAP auf 60,1 Prozent, während sie insgesamt bei 43,9 lag. Änne Gröschler stellt in ihrem Bericht eindringlich dar, wie die Idylle der Weimarer Republik sich nach der Machtübertragung an die NSDAP umgehend als Scheinwelt entlarvte und in einen Mikrokosmos der Gehässigkeiten überging.

Aus der Ehe stammen die Kinder Käthe (1915 Jever – 2002 Groningen), Gertrud (1917 Osnabrück – 2000 London) und Walter (1922 Jever - 2017 Vancouver). Gertrud emigrierte 1936 als Haushaltshilfe nach England. Käthe verzog Ende 1937 nach Groningen und heiratete dort am 24. März 1938 den aus Oldenburg stammenden Arzt Dr. Alfred Löwenberg, der bereits als Medizinstudent im April 1933 in die Niederlande emigriert war, da er als Jude im nationalsozialistischen Deutschland keine Berufschance mehr besaß. Walter durfte 1933 trotz bestandener Aufnahmeprüfung nicht das Mariengymnasium Jever besuchen. Im Oktober 1935, kurz nach seiner Bar-Mizwa, brachten die Eltern den 13jährigen auf einem vom italienischen Triest ausgehenden Schiff persönlich zu seinem Onkel Dr. med. Fritz Steinfeld nach Palästina. Dieser arbeitete seit 1933 in Jerusalem als Arzt und hatte die Eltern von der Notwendigkeit der Übersiedlung

■ 4: Die Synagoge von Jever, 1880 erbaut, galt als die schönste weit und breit.

Walters überzeugt. Noch im Jahre 1937 besuchten sie ihn und überlegten, im Ausland zu bleiben, doch hatten sie dem verwitweten Simon Gröschler (1851 – 1938) versprochen, nach Deutschland zurückzukommen.

Obwohl es die Kinder rechtzeitig in Sicherheit gebracht hatte, wollte das Ehepaar Gröschler trotz aller Repressionen von einer Auswanderung zunächst noch nichts wissen. Es hoffte immer noch auf eine Änderung der Verhältnisse, machte sich Sorgen um die Firma und um den Vater und Firmengründer Simon, der am 13. Jan. 1938 starb. Vor allem der Bruder Julius war strikt gegen eine Aufgabe des Betriebes, der noch bis zum Novemberpogrom 1938, wenn auch mit erheblichen Einschränkungen, arbeiten konnte. Als Vorsteher der Synagogengemeinde fühlte sich Hermann Gröschler außerdem für die inzwischen meist völlig verarmten Mitglieder seiner Gemeinde verantwortlich, die er nicht einfach im Stich lassen wollte. Der Pogrom vom 9./10. November 1938 und die anschließende brutale Verschleppung in das KZ Sachsenhausen in Oranienburg bei Berlin änderten die Situation grundlegend, zumal die Häftlinge nur schnell freikamen, wenn ihre Auswanderung der Gestapo gesichert erschien. Auch wurden jetzt die Betriebe und das Vermögen der Juden umgehend enteignet.

Anfang 1939 schaffte das Ehepaar nach hektischen Aktivitäten, die einer Flucht glichen, die Emigration in die Niederlande und lebte in Groningen im Hause der Tochter Käthe und des Schwiegersohnes Dr. Alfred Löwenberg, der dort seit 1937 eine Arztpraxis betrieb. Hier wohnte auch die 1931 verwitwete Mutter des Schwiegersohns, Bernhardine (Dini) Löwenberg geb. Josephs (1878 Jever – 1961 Groningen). Gegenüber der niederländischen Regierung hatte sich Dr. Löwenberg verpflichtet, die Aufenthaltskosten des Ehepaars Gröschler zu tragen. Nur so war es möglich gewesen, die Einreiseerlaubnis zu erhalten.

Nach dem Überfall auf Polen und dem Kriegsbeginn im September 1939 lebten die Gröschler-Löwenbergs in der ständigen Sorge, dass die Deutschen auch die Niederlande okkupieren würden. Man war über die sich laufend verschärfenden Maßnahmen und Verbrechen gegen die Juden in Deutschland und Polen gut informiert. Am 10. Mai 1940 marschierte die deutsche Wehrmacht unter Bruch des Völkerrechts in die Niederlande ein. Alle fünf Familienmitglieder flohen unmittelbar nach Bekanntwerden der Nachricht hinter die als uneinnehmbar geltende „Wasserlinie“, ein unterhalb des Meeresspiegels liegendes Gebiet, das durch Öffnung der Schleusen geflutet werden konnte und so die westlichen Teile der Niederlande hätte abriegeln sollen. Jedoch bereits am 14. Mai 1940 kapitulierten die Niederlande. Die Hoffnung, nach England zu entkommen, zerschlug sich. An den Häfen herrschten tumultartige Zustände.

Nach einem Zwischenaufenthalt in Amsterdam kehrten die Familien notgedrungen nach Groningen zurück. Obwohl die deutschen Militärbehörden zunächst beruhigende Erklärungen abgaben, kam es bald und zunehmend auch in den Niederlanden zu Diffamierungen, Isolierungen und Ausgrenzungen der Juden, wie sie das Ehepaar Gröschler bereits aus Deutschland kannte. Ein Teil der niederländischen Bevölkerung, vor allem Angehörige der NSB (Nationaal-Socialistische Beweging), beteiligte sich daran, jedoch die große Mehrheit – darauf weist Änne Gröschler an mehreren Textstellen hin – übte symbolisch und auch aktiv Solidarität.

Im Frühjahr 1942 wurde der Schwiegersohn wegen einer Denunziation unter dem Verdacht des Devisenvergehens in Untersuchungshaft genommen. In dem darauf folgenden Gerichtsverfahren stellte sich zwar seine Unschuld heraus, doch wenige Tage später erhielt er den Gestellungsbefehl zu einem Arbeitseinsatz in einem der Arbeitslager für Juden in den Niederlanden. Über die Bedeutung eines solchen Befehls machte sich niemand Illusionen. Löwenberg tauchte mit seiner Ehefrau in einem Versteck unter, das ein im Widerstand tätiger Patient, ein Sozialdemokrat, organisiert hatte. Aus Sicherheitsgründen hatten sie die Eltern nicht informiert, gleichzeitig aber dafür gesorgt, dass auch ihnen die Möglichkeit zum Untertauchen gegeben wurde. Als im Juli 1942 die ersten Deportationen von Westerbork nach Osteuropa einsetzten, überzeugte Änne Gröschler ihren Ehemann, von diesem Angebot Gebrauch zu machen. Sie kamen über einen Vertrauensmann des Widerstands bei einem Arbeiterehepaar in Groningen unter, wo sie sich in einem kleinen Dachzimmer verstecken konnten. Im Oktober 1942 wurden sie bei einer Hausdurchsuchung von der Polizei entdeckt. Die Umstände deuten auf Verrat, doch konnte der Sachverhalt nie aufgeklärt werden, obwohl er nach der Befreiung der Niederlande von der Polizei untersucht wurde.

Beide Eheleute kamen getrennt in das Gefängnis von Groningen, wo sie die Gestapo besonders hinsichtlich des Aufenthaltsortes des Schwiegersohns verhörte. Am 12. November 1942 wurden sie in das Durchgangslager Kamp Westerbork überführt. Das südlich von Groningen in der Provinz Drenthe gelegene Lager war im Februar 1939 von der niederländischen Regierung für die Internierung von aus Deutschland geflohenen Juden eingerichtet worden, die keine gültigen Einwanderungspapiere besaßen. Zum Zeitpunkt der deutschen Okkupation lebten hier nur etwa 750 Personen. 1942 übernahm die SS das Lager, das interne Selbstverwaltungsstrukturen aufwies, von der niederländischen Verwaltung. Nach einer erheblichen Erweiterung fungierte Westerbork ab Juli 1942 als Durchgangslager für die Deportation der Juden aus den Niederlanden in die Vernichtungs- und Konzentrationslager. Insgesamt 97 Transporte sind dokumentiert.

Das Reichssicherheitshauptamt (RSHA) in Berlin gab Datum, Ziel und Anzahl der Personen vor. Der SS-Kommandant von Westerbork war für diese Vorgaben verantwortlich und setzte sie unerbittlich durch. Die konkrete Ausfüllung der Transportlisten lag jedoch in den allermeisten Fällen in den Händen der jüdischen Lagerleitung. Ziele waren überwiegend die Vernichtungslager Auschwitz-Birkenau (65 Transporte, 57.800 Menschen) und Sobibor (19 Transporte, 34.313 Menschen), außerdem Sonderlager wie die Konzentrationslager Bergen-Belsen und Theresienstadt. Die Transporte erfolgten 1942 in der Regel zweimal wöchentlich am Dienstag und Freitag, in den Jahren danach fast jeden Dienstag und zuletzt in unregelmäßigen Abständen. Die Züge fassten meist um die 1.000, manchmal bis zu 3.000 Menschen. Lediglich etwa 5.000 der 107.000 von Westerbork deportierten Juden überlebten das NS-Lagersystem.

In dieser Zeit waren Zehntausende in Westerbork gefangen, mit unterschiedlicher Aufenthaltsdauer. Jeder hatte nur den einen Gedanken, dem Arbeitseinsatz im

Osten, wie die Nazis den Abtransport in die Gaskammern umschrieben, zu entgehen. Zwar war niemandem die gesamte Ungeheuerlichkeit des industrialisierten Massenmords bewusst, doch war das Wort „Polen“ ein Synonym für großen Schrecken und sicheren Tod, wie der Bericht von Änne Gröschler zeigt. Für den unerbittlich kommenden Transporttag hatte die jüdische Lagerleitung jeweils rund 1.000 Menschen auszusuchen. Ein grausames System versprach all denjenigen Aufschub, die auf einer der immer wieder kursierenden „Vorzugs-Listen“ geführt wurden. Diese verloren dann aber plötzlich ihre Gültigkeit, doch konnte eventuell eine neue Rückstellung beantragt werden. „Vorteile“ hatte auch, wer für die Funktionsfähigkeit des Lagers als unentbehrlich erachtet wurde oder über Beziehungen verfügte. Wer durch die Maschen fiel, musste mit Deportation rechnen. Auch das Ehepaar Gröschler stand zweimal auf der Liste, wurde dann aber kurz vor der Abfahrt des Zuges wieder zurückgestellt.

Änne und Hermann Gröschler kamen schließlich auf eine Liste, die im Gegensatz zu vielen anderen eine Perspektive auf Rettung besaß, die sogenannte Palästina-Liste. Das Auswärtige Amt in Berlin hatte 1942 dem Reichsführer SS, Heinrich Himmler, vorgeschlagen, Juden mit Beziehungen zu Feindstaaten von der Deportation zurückzustellen und sie in einem besonderen Lager zusammenzufassen. Sie sollten zum Austausch für in Feindstaaten internierte Deutsche zur Verfügung stehen. Auch der Aspekt Austausch gegen Devisen spielte nach der strategisch verheerenden Niederlage von Stalingrad

Anfang 1943 zunehmend eine Rolle. Austauschfähige Juden, zumal solche, die noch nicht Augenzeugen des Holocaust geworden waren, fand man zu diesem Zeit-

■ 5: Hedwig Gröschler geb. Steinfeld war eine Cousine von Änne. Ihr Ehemann Julius war der Bruder von Hermann. Die Söhne Hans (Herbert Gale/links) und Fritz (Frank Gale) flohen Ende 1938 mit einem Kindertransport nach England. Ihre Eltern wurden 1944 in Auschwitz ermordet. Jever, Albanistraße, um 1935.

punkt vor allem noch in den Niederlanden. Als Lager für die sogenannten „Austauschjuden“ rüstete 1943 die SS das bisherige Kriegsgefangenenlager Bergen-Belsen bei Celle zu einem Konzentrationslager um, in das bis zum Herbst 1944 etwa 4.000 Menschen zum Zweck des Austausches verschleppt wurden.

Am 1. Februar 1944 kam das Ehepaar Gröschler in einem Transport von 908 Personen in dieses offiziell „Aufenthaltslager“ genannte KZ. Hier starb der bereits kranke Hermann Gröschler am 16. Februar an Herzversagen, der erst 63jährige war den jahrelangen Qualen und Demütigungen nicht mehr gewachsen. Von den etwa 1.300 Inhabern des Palästina-Zertifikats wurden am 26. April 272 Personen für einen ersten Austausch ausgewählt, darunter auch Änne Gröschler. Die Zahl wurde Ende Mai 1944 auf 222 reduziert. Die Gruppe bezog eine abgesonderte Baracke, in der sie sich auf Palästina vorbereiteten konnte. Nach der Absage des ursprünglichen Termins und Wochen langen Wartens, in denen es häufig den Anschein hatte, die Aktion würde wohl gar nicht mehr zustande kommen, konnte die Gruppe schließlich am 30. Juni 1944 das Konzentrationslager verlassen. Über Nürnberg, Wien, Budapest, Sofia, Istanbul, Aleppo und Beirut erreichte der Transport schließlich am 10. Juli 1944 die Stadt Haifa in Palästina. In Wien, Istanbul und Aleppo wurden jeweils die Züge gewechselt; den Bosporus überquerte ein Ausflugsdampfer, der die Zeit bis zur Abfahrt des Zuges auf der asiatischen Seite von Istanbul mit einer mehrstündigen Rundfahrt überbrückte. Schon während der kurzen Aufenthalte in einem britischen Aufnahmelager und dem Transitcamp der Jewish Agency (JA) in Palästina konnte Änne Gröschler ihren inzwischen 22jährigen Sohn Walter in die Arme schließen. Dieser diente seit 1942 beim britischen Militär, um einen Beitrag im Kampf gegen NS-Deutschland zu leisten.

Sie lebte anschließend im Hause des Bruders Fritz Steinfeld und dessen Ehefrau Sonja in Jerusalem. 1947 nahm Walter in England eine Berufsausbildung auf und seine Mutter ging für fast ein Jahr zu ihrer Schwägerin Thesie Braunsberg geb. Gröschler und deren Mann Julius Braunsberg nach New York. 1948 kehrte die inzwischen 60jährige aus den USA in die Niederlande zurück. Die Tochter, der Schwiegersohn und auch dessen Mutter Dini hatten die Jahre der Verfolgung untergetaucht in der Groninger Innenstadt überlebt und waren im April 1945 von

■ 6: Änne mit ihren Kindern Trude, Walter und Käthe (von links), Groningen, um 1965.

den Alliierten befreit worden. Dort konnte Änne Gröschler auch ihren Anfang 1946 geborenen Enkel Bob auf die Arme nehmen. Im Frühjahr 1950 kehrte sie für einige Monate nach Jerusalem zurück, um den gleichzeitig unheilbar erkrankten Fritz und Sonja Steinfeld beizustehen.

Die folgenden 32 Groninger Jahre waren durch intensive Kontakte zu den Verwandten und Freunden vor Ort und regelmäßige Besuche der Kinder und Enkel aus England und manchmal auch aus Kanada, wo inzwischen Walter lebte, gekennzeichnet. Sie reiste auch selbst zumindest einmal nach England und Kanada. Die Rentnerin lebte in einer Eigentumswohnung am Florisplein. Ihr Enkel Bob Löwenberg charakterisiert sie folgendermaßen: „Die Nazi-Zeit, ihr gestörtes Leben, hatte eine erkennbare Auswirkung auf sie. Sie sprach oft über die Vergangenheit, aber nicht nur negativ, sondern sie hatte auch positive Erinnerungen. Sie sprach über ihre Familie und Freunde und liebte deutsche Literatur und sie las zum Beispiel Rilke und Heine. In keiner Art und Weise wurde sie eine verbitterte Person, obwohl sie so viele geliebte Verwandte und Freunde verloren hatte und obwohl ihr Leben in dem Sinne zerstört wurde, dass die Kontinuität auf dem Höhepunkt ihres Lebens gebrochen wurde. Ich fand es beeindruckend zu erleben, dass sie und meine andere Großmutter Dini niemals die Last der Tragödie und ihre Geschichte uns aufgebürdet haben. Obwohl sie oft von ihrem Leben in Deutschland sprachen und von Bedrohungen durch den Krieg und die Verfolgungen und von der deutschen Besetzung Hollands, hatten sie eine positive Einstellung, ohne die Geschichte zu tabuisieren."[22] Deutschland und Jever wollte Änne Gröschler jedoch nie wieder sehen. Sie starb am 23. September 1982 im Alter von 94 Jahren.

2) E-Mail von Bob Löwenberg vom 2.10.2016 an den Autor.

Historische Rahmenbedingungen des „Transports 222“

Die Wissenschaft spricht vom „dritten deutsch-palästinensischen Zivilgefangenenaustausch“.[3] Dieser wird meist griffig als „Transport 222“ bezeichnet. In Wirklichkeit gelangten durch ihn jedoch 282 Menschen nach Palästina. In Wien kamen nämlich 61 Juden mit britischen und amerikanischen Staatsangehörigkeiten aus den Internierungslagern Vittel und Laufen zu den 222 aus Bergen-Belsen hinzu. Eine 77jährige Frau musste nach einem Schlaganfall in einem Istanbuler Hospital zurückgelassen werden, wo sie später starb.

Wegen der widrigen und komplexen Rahmenbedingungen und der Vielzahl der beteiligten Akteure mag es uns heute unglaublich erscheinen, dass der „Transport 222“ seinerzeit überhaupt stattfand. Zwar bestand seit Herbst 1943 eine grundsätzliche Übereinkunft der Kriegsgegner für den Austausch, doch eine Vielzahl von staatlichen Stellen war zu beteiligen. Für Deutschland sind außer dem verhandelnden Auswärtigen Amt Heinrich Himmler in seiner Doppelfunktion als „Reichsführer-SS“ und „Reichskommissar für die Festigung des deutschen Volkstums“ (RKF), das Reichssicherheitshauptamt (RSHA) in den Abteilungen „Ausländer-

3) Wenck 220

polizei“ und „Judenangelegenheiten“ sowie auch die nachgeordneten SS-Dienststellen in den Niederlanden zu nennen. Auf der britischen Seite waren gleich drei Ministerien – Ausland, Krieg und Kolonien – sowie die Mandatsverwaltung der britischen Regierung in Palästina involviert. Von den beteiligten Nichtregierungsorganisationen besaßen das Internationale Komitee vom Roten Kreuz in Genf und die Jewish Agency mit Dienststellen in London, Genf, Istanbul und Palästina gewissen Einfluss auf das Verfahren. Auch der „Joodsche Raad voor Amsterdam“ setzte sich 1943 für die Aufnahme von Personen auf die „Palästina-Liste“ ein. Die Hauptakteure Großbritannien (die Mandatsmacht von Palästina) und Deutschland kommunizierten wegen des Kriegszustands nur über die neutrale Schweiz, die dafür in ihrer Berliner Gesandtschaft die Abteilungen „Schutzmacht“ und „Austausch“ eingerichtet hatte. Zudem können die zeitraubenden Postwege einen Teil der monatelangen Verzögerungen seit der Übereinkunft und der ständigen, nur schwer nachvollziehbaren Änderungen an der Austauschliste erklären.

Gerade in der Zeit des Austauschs Mitte des Jahres 1944 ging der 2. Weltkrieg in seine dramatische Endphase. Die Deutschen hatten durch die Niederlage von Monte Cassino Italien verloren, die Rote Armee zerschlug die Heeresgruppe Mitte, die Westalliierten hatten am 6. Juni, also gut drei Wochen vor Fahrtantritt, die Invasion in der Normandie begonnen. Wenig später wäre die interkontinentale Aktion kaum mehr möglich gewesen, zumal im August 1944 die Türkei die diplomatischen Beziehungen zu Deutschland einfror. Die Fahrt führte durch Gebiete, die durch Partisanenkrieg und Luftangriffe gefährdet waren, und durch die Machtbereiche Deutschlands, der Türkei und Großbritanniens. Dennoch lief die Logistik der Züge, Fahrpläne, Versorgung und administrativen Begleitung nahezu perfekt. Auch in der „Gegenrichtung" Palästina – Deutschland funktionierte der Austausch, soweit bekannt, gut.

Welches Interesse an einer Freilassung von Juden lag überhaupt vor, wenn das unausgesprochene deutsche Staatsziel seit 1941 die „Auslöschung der jüdischen Rasse" war? Deutschlands verbrecherische, rassenideologische Position war zwar dominant, aber in diesem Fall auch widersprüchlich, weil beeinflusst durch die Interessen der beteiligten staatlichen Organe und Kompetenzen. So gab es eine realpolitische Linie des Auswärtigen Amts (AA) unter Reichsaußenminister Joachim von Ribbentrop. Diese wollte es sich in Kriegszeiten nicht mit jedem Staat der Welt verderben, von dem sich Staatsbürger zufällig im Machtbereich befanden – und Juden waren. Deshalb waren jüdische Bürger neutraler oder befreundeter Staaten von der Ermordung zurückgestellt. Diese deshalb seit 1941/42 an verschiedenen Orten gefangen gehaltenen Juden wollten AA und SS gegen von Kriegsgegnern internierte Deutsche oder dringend benötigte Devisen austauschen. So hatte ein Jude amerikanischer oder britischer Staatsangehörigkeit Überlebenschancen im Gegensatz zu den Juden mit der Staatsangehörigkeit der okkupierten Länder Europas, die meist sofort ermordet wurden.

Der mörderische Staatsrassismus wurde also in Randbereichen mit dem pragmatischen Primat der Politik abgeglichen. Heinrich Himmler - nach Hitler der machtstärkste Nationalsozialist - hatte spätestens nach der Niederlage von Stalingrad Anfang 1943 erkannt, dass das Reich jetzt verstärkt Devisen zum Ankauf von Rohstoffen benötigte. Deshalb gestaltete er das frühere Kriegsgefangenenlager Bergen-Belsen zum zentralen Austauschlager um und benutzte jüdische Menschen als Druckmittel und Handelsware. Bekannt sind die ca. 1.700 sogenannten Kastner-Juden aus Ungarn, die die SS von Bergen-Belsen aus im August und Dezember 1944 gegen Lösegeld - angeblich 1.000 $ pro Person - in die Schweiz transferierte.

Himmler war aber gleichzeitig auch „Reichskommissar für die Festigung des deutschen Volkstums" (RKF) und wollte, wie auch der Chef der Auslandsorganisationen der NSDAP, SS-Gruppenführer Ernst Wilhelm Bohle, alle „arischen" Auslandsdeutschen in das Deutsche Reich „heimführen" bzw. sie im Rahmen der deutschen „Großraumpolitik" in den besetzten Gebieten Osteuropas ansiedeln. 1942 führte der RKF aus: Das Klima Palästinas werde „...dieses wertvolle deutsche Blut zugrunde gehen" lassen und in „der fremdvölkischen - heute noch zu einem erheblichen

Teil jüdischen – Umwelt [...] diese Volksgenossen auf die Dauer der nationalsozialistischen Weltanschauung entfremden".[4] Im Gespräch für die Umsiedlung war unter anderem die Krim.

Während also aus rassenideologischen Motiven heraus die Juden in fast ganz Europa ermordet wurden, bedeutete gleichzeitig die „rassenhygienische" Paranoia vom gefährdeten deutschen Blut in fremdvölkischer Umwelt in der Perspektive „arisierender Großraumpolitik" eine Chance für einige wenige Juden. Diese bestand darin, tatsächlich ausgetauscht zu werden – oder als „austauschwertig" nicht sofort, sondern erst später, wenn der Austausch nicht zustande kam, umgebracht zu werden. Fast wäre der Transport noch am Einspruch des Großmufti Al-Husseini von Jerusalem gescheitert, der sich in seinem Berliner Exil als alleiniger Vertreter aller arabischen Interessen verstand und als Befürworter des Holocaust jeden weiteren Juden in seinem beanspruchten Bereich durch Eingaben an das AA und den Reichführer-SS zu verhindern suchte.[5]

Deutschlands Verhandlungspartner Großbritannien befand sich bezüglich Palästinas in einer schwierigen Situation in der Konsequenz seiner widersprüchlichen Politik. In der territorialen Abwicklung der Folgen des 1. Weltkriegs war Großbritannien Mandatsmacht über das Gebiet Palästina geworden, wo laut Balfour-Deklaration von 1917 eine „nationale Heimstätte für das jü-

4) zit. n. Wenck 60

5) vgl. Wenck 225

dische Volk“ geschaffen werden sollte. In der Zeit vor September 1939, dem Beginn des 2. Weltkriegs, war gerade Palästina zu einem wichtigen Zufluchtsort der von NS-Deutschland verfolgten Juden geworden. Die meisten Staaten, die danach neutral blieben oder sich im Krieg mit dem Deutschen Reich befanden, waren schon vor 1939 nur sehr eingeschränkt bereit, Flüchtlinge aufzunehmen. Die Welt teilte sich nach dem berühmten Satz von Chaim Weizmann „in Länder, die die Juden loswerden wollten, und in Staaten, die sie nicht aufnehmen mochten.“[6]

Diese mangelnde Aufnahmewilligkeit zog unweigerlich einen sich weiter verstärkenden Flüchtlingsdruck auf Palästina nach sich. Die exponierte Stellung des Mandatsgebiets führte zu der im Vorfeld des Zweiten Weltkriegs und danach während des Krieges, der ja auch in Nordafrika stattfand, immer klareren Absicht Großbritanniens, die Konflikte mit den arabischen Anrainer-Staaten nicht weiter zu schüren. Das „White Paper“ von 1939 schränkte beispielweise die jüdische Einwanderung gerade in der Phase extrem ein, als Tausende Juden aus Deutschland und Österreich noch hätten gerettet werden können.

Auch als Deutschland 1941 keine Auswanderung mehr zuließ, sondern die Juden in Ghettos zusammenpferchte und den Massenmord begann, wandelte sich die britische Position nur wenig. Der von Deutschland

6) zit. n. Nicolaus Berg: Luftmenschen: Zur Geschichte einer Metapher. – Göttingen 2014, S. 155

ins Gespräch gebrachte Austausch, der den Anlass für die Einrichtung des „Aufenthaltslagers" Bergen-Belsen gegeben hatte, blieb trotz der geringen Zahlen für London heikel. Nur wenige Gruppen unter den von Nazi-Deutschland angebotenen „Austauschjuden" wurden akzeptiert. Am besten geeignet war eine vorhandene palästinensische Staatsangehörigkeit, denn das führte rechtlich zu keiner zusätzlichen Einwanderung nach Palästina. Bekannte Anhänger der zionistischen Bewegung waren nicht erwünscht. Auf wiederholtes Drängen der zionistischen Jewish Agency wurden schließlich aber auch Personen als austauschfähig akzeptiert, die Angehörige in Palästina hatten, insbesondere Eltern von dort lebenden Kindern.[7]

Das traf auf Änne und Hermann Gröschler zu, lebte doch ihr Sohn Walter seit 1935 in Palästina. Vielleicht spielten auch seine Armeezugehörigkeit und eine Bürgschaft von Dr. Fritz Steinfeld, der seine Internistenpraxis im Zentrum Jerusalems betrieb, eine Rolle dabei, dass das Ehepaar Gröschler nicht nur auf eine der zahlreichen Palästina-Listen kam, sondern Änne schließlich tatsächlich zu den 222 „chosen people"[8] gehörte. Aus ihrem Bericht erfahren wir, dass sich das Ehepaar von Westerbork aus, als noch eingeschränkt Postverkehr möglich war, an das Internationale Komitee vom Roten Kreuz in der Schweiz gewandt hat. Über diesen Kanal mag überhaupt die Information bei den Verwandten in Palästina angekommen

7) vgl. Wenck 208, Fußnote 269

8) vgl. Buchtitel „The chosen people" von Oppenheim

sein, dass das Ehepaar noch lebte und wo es sich aufhielt, so dass Eingaben gemacht werden konnten. Die konkreten Kommunikations- und Entscheidungswege jedoch werden sich vermutlich nicht mehr aufklären lassen.

Die Zahl der Ausgetauschten blieb deshalb so gering, weil das Prinzip des Austauschverhältnisses von eins gegen eins galt. Die britische Mandatsmacht hatte Schwierigkeiten, eine größere Anzahl akzeptierter Personen zu rekrutieren, weil das Potential durch zwei vorhergehende Austausche von in Palästina internierten deutschen Staatsbürgern gegen in Deutschland trotz gültiger Palästina-Papiere festgehaltene Juden bereits weitgehend erschöpft war. 500 männliche Deutsche aus Palästina im wehrfähigen Alter waren zudem inzwischen im fernen Australien interniert. Nicht jeder „Volksdeutsche“ wollte „heim ins Reich“ und man konnte 1944 schon ahnen, wie der Krieg ausgehen würde. Schließlich verfügten die Briten doch über eine genügende Anzahl. Es waren überwiegend Angehörige der Templer-Sekte aus ursprünglich Baden-Württemberg, die seit 1868 in Palästina siedelte, um in Jerusalem das „Volk Gottes“ zu versammeln, sowie internierte Deutsche aus der britischen Kolonie Süd-Afrika. Der Austausch der „Volksdeutschen“ gegen die Juden fand am 6. Juli 1944 in Istanbul statt. Während die einen den Orient-Express in das untergehende Reich bestiegen, fuhren die anderen mit der Bagdad-Bahn in die Freiheit.

Mehr als 1.000 weitere Zertifikatsinhaber blieben in Bergen-Belsen zurück, viele von ihnen kamen in den folgenden zehn Monaten bis zur Befreiung des Lagers durch die britische Armee im April 1945 und auch noch in der Zeit danach wegen der erlittenen gesundheitlichen Schäden ums Leben. Warum gerade diese 222 Menschen auf der Austauschliste standen, ist seit langem Gegenstand von Überlegungen. Gültig ist immer noch die Vermutung von Simon Heinrich Hermann bereits aus dem Jahre 1944: „So dürfte die definitive Transportliste die nach langen Verhandlungen festgestellte Komponente verschiedener Interessenrichtungen darstellen.“[9] Wie hoch der Anteil von Glück oder Zufall am Überleben von Änne Gröschler war, lässt sich nur erahnen, zumal es schon unwahrscheinlich war, den Westerborker Deportationen in die Vernichtung entgangen zu sein.

9) Hermann 81; die beste Analyse der Zusammensetzung bei Wenck 223f.

Editorische Bemerkungen

Das mit „Jerusalem, im Herbst 1946“ auf der letzten Seite datierte Typoskript – 39 engzeilige Seiten im britischen Foolscap-Format[10] – entstand offenbar schon relativ kurz nach der Ankunft in Jerusalem, vermutlich im Juli 1944. In der Zeit der Erzählung ist der Zweite Weltkrieg noch nicht beendet, die Befreiung von Groningen im April 1945 und das Überleben der Verwandten sind Änne Gröschler nicht bekannt. Wie der Text verdeutlicht, ist sie seit ihrer Ankunft in Palästina erkrankt und in stationärer Behandlung. Klare Symptome der Krankheit werden nicht genannt. Wie ihre Tochter Käthe Löwenberg-Gröschler 1984 dem Herausgeber mitteilte, habe sie einen Zusammenbruch erlitten und deshalb auf Anraten der Ärzte den Bericht niedergeschrieben. Den habe sie in späteren Jahren immer „Aus dieser schweren Zeit“ genannt. Vielleicht erklärt sich das falsche Datum aus der später erfolgten Übertragung eines handschriftlichen Urtextes in das Typoskript.

Der Text wurde in Rechtschreibung und Zeichensetzung korrigiert und im Satzbau an wenigen Stellen angepasst. Linguistische Untersuchungen, z. B. über eventuelle Reflexe des Jiddischen, sollten auf das origi-

10) Deutlich größer als das deutsche DIN-A4-Format

nale Typoskript zurückgreifen. Die Übersetzung hält sich so nah wie möglich an den deutschen Wortlaut und an den spezifischen Schreibstil von Änne Gröschler, selbst wenn sie zwischen verschiedenen Zeitformen wechselt.

■ 7: 1984 kehrten jüdische Menschen, die die NS-Zeit überlebt hatten, auf Einladung des örtlichen Gymnasiums für eine Woche nach Jever zurück. Käthe Löwenberg-Gröschler hielt am 25. April 1984 die Festrede beim Ehrenempfang im Schloss Jever, rechts im Bild Dr. Alfred Löwenberg.

1984 besuchten von den Nationalsozialisten vertriebene Juden aus Jever ihren alten Wohnort. Sie folgten der Einladung einer Projektgruppe von Schülern und Lehrern des örtlichen Gymnasiums. Während der Besuchswoche überließen Käthe und Alfred Löwenberg-Gröschler ihm das Typoskript zur Erstellung von Fotokopien und zur weiteren Verwendung, eine Kopie wurde dem Niedersächsischen Landesarchiv in Oldenburg zur Verfügung gestellt. Der Herausgeber veröffentlichte 1988 Auszüge des Berichts in einem Aufsatz über den Novemberpogrom 1938 in Jever. Werner Vahlenkamp edierte in demselben Jahr die Jever betreffenden Passagen, das sind etwa zehn Prozent des Gesamttextes.

2014 mietete der Zweckverband Schlossmuseum Jever das Erdgeschoss des 1954 auf dem Grundstück der abgetragenen Synagogenruine erbauten Gebäudes an, um hier ein „Zentrum für die Geschichte der Juden und der Zeitgeschichte der Region" aufzubauen. Die Einrichtung sollte nach Hermann und Julius Gröschler heißen, den letzten beiden Vorstehern der Synagogengemeinde Jever. Zum 70. Jahrestag des „Transports 222" fand hier im Juli 2014 ein Vortrag über Änne Gröschler und ihre Rettung statt, zu dem drei ihrer Nachfahren aus England und den Niederlanden nach Jever kamen. Bei dieser Gelegenheit entstand die Idee der vollständigen Veröffentlichung von „Aus dieser schweren Zeit." Die Nachfahren von Hermann und Änne Gröschler, Julius und Hedwig Gröschler und der Familie Hoffmann-Levy, die an der Namensgebungsfeier für das GröschlerHaus Ende September 2014 teilnahmen, bekräftigten das Projekt. Anita Engler-Haas, Erica Groschler, Heidi Groschler, Roslyn und Walter S. Groschler, David Haas, Bob Löwenberg, Hans Löwenberg, Jacqui Lynskey-Haas, Andrea Shalinsky, Lauren Sokolski, Michael Stuart und andere, die im Ausland leben, haben den Herausgeber ermutigt, auch eine englische Version zu erstellen. Leider konnten Roslyn und Hans die Veröffentlichung der Erinnerungen 2017 nicht mehr erleben.

Eine Papierkopie des Typoskripts befindet sich im Niedersächsischen Landesarchiv Oldenburg (Best. 297 D Nr. 155). Eine digitale Kopie stellt das GröschlerHaus Jever auf Anfrage zur Verfügung.

Danksagungen

Werner Beyer übertrug das nur schwer lesbare Typoskript in ein Dateiformat. Bob Löwenberg unterstützte die Kommentierung des Berichts seiner Großmutter durch eigene Recherchen, Fotos und die Beantwortung von Fragen. Joan Greening, Michael Greening, Claudia de Levie, Antje C. Naujoks und Lauren Sokolski stellten Fotos und Informationen zur Verfügung. Bei ihrer Übersetzungsarbeit für die englische Ausgabe merkte Linda Robbins-Klitsch noch näher zu klärende Sachzusammenhänge des Berichts an. Uta Esselborn, Rolf Keller, Hans-Jürgen Klitsch, Thomas Rahe, Mareike Spiess-Hohnholz und Klaus Tätzler gaben zusätzliche Informationen oder lasen Korrektur. Außerdem danke ich Guido Abuys, Matthias Bollmeyer, Ingrid Donk, Holger Frerichs, Karin Glatzer, Sabine Glaum, Volker Landig, Hermann Lüers, José Martin, Heidrun Peters, Andreas Reiberg, Antje Sander, Peter Tolksdorf und Werner Vahlenkamp für ihre Unterstützung.

Private Spender an das GröschlerHaus Jever, der Jeverländische Altertums- und Heimatverein e.V., die Stiftung niedersächsische Gedenkstätten, die Johanne-Gruner-Stiftung der Stadt Jever und die Oldenburgische Landschaft haben den Druck der ersten Auflage von 2017 ermöglicht.

Hartmut Peters, im Juli 2020

Änne Gröschler
Aus dieser schweren Zeit

1. Jever 1938 - 1939[11]

[10. Nov. 1938, ca. 2:30 h]

Nachts ging das Telefon: „Frau Gröschler, die Synagoge brennt." Ich weckte in Aufregung meinen Mann und wir sahen tränenden Auges das traurige Schauspiel. Wir wohnten der Synagoge sehr nahe und sahen, wie das Feuer zum Himmel brannte. Auf der Straße war lautes Treiben, eine große Unruhe. Menschen liefen hin und her.[12] Es schellt, ein Freund meines Mannes mit seiner Frau. Sie weinten – und wir alle stehen bestürzt vor der unsagbar trüben Begebenheit. Dann gehen sie fort. Mein Mann fühlt sich als Vorsteher der Gemeinde verantwortlich, sich nach der Ursache des Feuers zu erkundigen. Ich fühle, es könnte ihm etwas passieren, und will ihn zurückhalten, doch er ging. Halb angezogen rennt er zur Synagoge und meine Befürchtung, die Nazis könnten die Juden als Anstifter des Brandes beschuldigen, hat sich

11) Kapitelbildungen und Zeitangaben vom Herausgeber; fett Gedrucktes ist im originalen Typoskript gesperrt gedruckt.

12) Das Ehepaar Gröschler wohnte seit 1933 in der Blauen Str. 1, etwa 60 Meter von der Synagoge entfernt. Zum Novemberpogrom in Jever vgl. Peters 44ff.

bestätigt. Ich wartete auf meinen Mann, doch er kam nicht zurück. Eine Freundin kam zu mir und erzählte mir vorsichtig, dass sie meinen Mann verhaftet haben. Mit einem Mal fiel mir ein, dass ich, als ich durchs Fenster blickte, gesehen hatte, dass ein Soldat[13] auf die Schulter meines Mannes klopfte. Ich konnte es erst nicht glauben. Dann lief ich in der Nacht zu Freunden, sie zu warnen.

■ 8: Die Kuppel der ausgebrannten Synagoge von Jever am 10. November 1938.

Und da musste ich erfahren, dass alle jüdischen Männer verhaftet seien und ins Gefängnis geschleppt. Die ganze Nacht habe ich auf meinen Mann gewartet.

Dann läutete es unten und mit einem fürchterlichen Radau vor der Haustür. Die Polizei![14] Mit Gepolter kam man die Treppe hinauf. Dann gingen sie ins Zimmer. Ich

13) Gemeint ist ein SA-Mann.

14) Gemeint ist wie auch an den folgenden Stellen die SA. Allerdings war auch der Ortspolizist Erich Freudenthal an den Ausschreitungen beteiligt.

war erstaunt, auch einen jungen Mann dabei zu sehen, der unten im Hause bei einem Rechtsanwalt arbeitete. „Frau Gröschler, wo haben Sie Ihr Silber?" Ich zog mein Buffet auf, in dem ich mein Silber eingebaut hatte. Dann nahmen sie alles heraus. Ich musste Koffer holen, in die sie alles packten. Da sie zu voll wurden, baten sie um Bindfaden zum Zubinden. Bronzen, silberne Schalen, Wäsche, Geld, Anzüge, Steppdecken. Wegen des Hauptanteils der Wäsche kam abends noch eine ganze Horde junger Menschen, um die Wäsche zu räubern.[15]

Ich lag schon im Bett und sehe noch vor mir, wie sie meine Wäsche hinaustrugen. Ich hatte sie mit lila Seidenband wunderbar geordnet im Schrank liegen und rohe Fäuste trugen sie mir aus dem Hause. Sie sagten zu mir: „Sie haben noch genug". Ein junger Mann steckte sich im Zimmer noch eine Zigarre von meinem Mann an: „Ach, Frau Gröschler, das erlauben Sie wohl." Um eine Zigarre fragte er und Kostbarkeiten räubern sie aus dem Hause. Mir lag auch nichts mehr an Wertgegenständen. Geld, das ich mir zurückgelegt hatte, stahlen sie auch. Ich fragte den Polizisten: „Warum haben Sie meinen Mann verhaftet?" Darauf die Antwort: „Frau Gröschler, ziehen Sie sich an, Sie sind auch verhaftet." Ich sagte: „Warum verhaften Sie mich? Ich habe nichts Unrechtes getan". Die Antwort: „Es wird überall in Deutschland so gehen". Ich wusste nun genug, wusste vor allen Dingen, dass wir armen Juden vogelfrei den Verbrechern ausgeliefert waren.

15) Mitglieder der jeverschen Hitlerjugend (HJ) plünderten unter der Anleitung ihres Bannführers, des Volksschullehrers Hans Förster, in den Wohnungen der Juden; vgl. Peters 57.

Ich zog meinen Mantel über. Der Polizist ließ mich keine Minute allein. Als ich noch auf die Toilette ging, stand draußen ein Soldat als Wache. Ich musste nun mitgehen. Die Wohnung wurde abgeschlossen.

Zum ersten Mal im Leben kam ich ins Gefängnis. In mir trug ich einen Stolz, den mir meine Begleiter nicht nehmen konnten. Als ich angelangt war, nahm man mir meine Tasche ab. Dann wurde eine Türe aufgeschlossen und ich ging in den Gefängnisraum. Und dort sah ich all die anderen Frauen in halb angezogenem, verzweifeltem Zustand. Ich höre sie noch in ihrem Elend wimmern. Einer armen Jüdin, die im Augenblick keine Wohnung besaß und nachts im Schulraum, der in der Synagoge lag, zufällig geschlafen hatte, hatten die Nazis ungefähr die Gurgel zugedreht. Sie war noch ganz erschöpft. Beim Anzünden der Synagoge hatten sie nicht erwartet, dass im Schulraum ein Mensch schlafen würde.[16] Eine andere Frau war bis auf den Boden geflüchtet, die Deutschen ihr nach und so konnte sie ihrem Schicksal nicht entgehen und wurde mitgeführt. Eine Frau weinte, sie hinterließ zuhause eine gelähmte Mutter, die ohne sie ganz verlassen war.[17] Ein

16) Rosalie Grünberg (1878 Aschendorf – 1941 deportiert nach Riga) wohnte in dem an die Synagoge angebauten Schulraum. Sie wurde durch Paul Liebenow (1901 Schwerin – 1977 Borkum), einem der Haupttäter der Brandstiftung, durch ein Fenster aus dem Anbau gezerrt.

17) Helene Klüsener geb. Schwabe (1895 Oldenburg – 1945 Jever) wurde nach Intervention ihres nicht-jüdischen Ehemanns früher als die anderen Frauen aus dem Gefängnis entlassen. Die seit 1933 mit dem Berufsverbot belegte Hebamme erhängte sich am 9. Februar 1945 in Jever, als ihre Deportation nach Theresienstadt bevorstand.

Teil der Frauen war in einer anderen Zelle untergebracht. Hatte man ein Bedürfnis, wurde an die Tür geklopft. Die Gefängniswärterin öffnete die Tür mit dem Schlüssel. Draußen wurde ein Eimer benutzt, den man selbst entleeren musste. Dann kehrte man zurück und die Tür wurde wieder hinter uns zugeschlossen. Wir bekamen auch Kaffee und Brot. Die meisten konnten vor Erregung nichts essen.

Wie lange wir in der Zelle saßen, habe ich vergessen. Ich wurde herausgeholt und unter Wache in meine Wohnung gebracht. Aber das weiß ich, dass ich sehr selbstbewusst über die Straße gegangen bin. Nach und nach kamen dann auch die anderen Frauen in ihre Wohnung zurück, die sie teilweise in trostlosem Zustande fanden. Nun hoffte ich mit jeder Stunde, dass auch die Männer erlöst würden. Ich wusste, sie waren schuldlos. Ich wusste, die Deutschen hatten selbst die Synagoge, unser Heiligtum, angezündet. Die Synagoge war vor einigen Jahren neu erbaut worden und der Stolz der jüdischen Gemeinde.[18] Sie hatten sie angezündet und mussten Schuldige finden. Dafür waren eben die Juden da. Dafür mussten die Juden leiden und in die Gefängnisse geschleppt werden. Aber ich hatte mich getäuscht: Mein Mann kam nicht.

[11. bis 23. November 1938]

Am anderen Morgen ließ der Gefängnisaufseher uns wissen, dass unsere Männer weitergeschickt würden. Mein Mann schickte mir ein Zettelchen, er benötige

18) Die 1880 erbaute jeversche Synagoge galt wegen ihrer Kuppel im maurischen Stil als die schönste Synagoge weit und breit.

noch einige Sachen. Ich packte in meiner Verzweiflung noch Sachen meines Mannes zusammen, lief wie eine

■ 9: Schloss Jever, das Wahrzeichen der Region, mit Hakenkreuzfahnen, um 1935

Wahnsinnige durch die Straßen ins Gefängnis. Ein trostloses Schauspiel. Alle Männer sahen so unglücklich aus. Sie wussten: Wir sind dem Untergang geweiht. Draußen standen die Gefängniswagen und dann wurden alle darin abtransportiert. Vordem habe ich zu meinem Mann gesagt: „Du musst mir versprechen, stark zu bleiben, musst dich für deine Familie, besonders für deine Kinder, gesund erhalten. Auch ich verspreche dir, stark zu bleiben." Er hat es mir versprochen. Ich sehe noch das höhnische, gehässige Lachen eines halbwüchsigen Mädchens, wie sich der traurige Wagen in Bewegung setzte. Den Anblick, wehrlose Menschen, unsere liebsten Männer, wie Schwerverbrecher abzuführen, nur weil wir Juden waren, kann ich nie, nie vergessen. Einer der Herren hatte nachts einen Selbstmordversuch gemacht, ist ihm aber missglückt.

Ohnmächtig blieben wir Frauen allein zurück, doch versuchte ich, alles zu erfahren, was mit unseren Männern geschehen würde. Nach tagelangen Erkundigungen kam uns zu Ohren, dass sie ins Konzentrationslager[19] verschleppt seien. Ein Konzentrationslager ist ein Gefangenen-Camp. Die SS, Hitlers Soldaten, wurde ausgebildet, die Menschen, die in das Lager kamen, auf jeg-

19) Konzentrationslager Sachsenhausen in Oranienburg bei Berlin, in das die männlichen Juden aus Norddeutschland verschleppt wurden. Die KZ Buchenwald und Dachau waren für die übrigen Gebiete Deutschlands zuständig. Die Juden des Landes Oldenburg, der Stadt Wilhelmshaven und der ostfriesischen Gemeinden Neustadtgödens und Wittmund wurden am 11. November 1938 in Oldenburg zusammengezogen und von dort mit der Bahn nach Sachsenhausen gebracht.

liche Art zu martern. Sie sind dort geschlagen worden, z.T. sind sie verhungert. Ich erinnere mich einer mir bekannten Familie, die in der Nähe eines Camps wohnte. Sie erzählten, man höre draußen die Leute schreien. So wurden sie misshandelt, unmenschlich. Viele konnten diese Strapazen nicht aushalten und sind gestorben. Das Wort „Konzentrationslager" war nur ein Begriff gleich „Tod". Hauptsächlich waren die Lager mit Juden angefüllt oder anderen politisch Verdächtigen. Jegliche Erzählung aus dem Lager von Menschen, die es lebend verlassen haben, wurde strengstens bestraft. Waren es denn noch Menschen, die z.T. entlassen wurden, nicht eher Skelette? Wer einmal im Lager war, hütete seine Zunge. Ich weiß, dass ein Vorgesetzter zu den Männern gesagt hat: „Ich warne euch, etwas von hier zu berichten, unser Arm reicht weit."

Wir lebten noch und mussten essen, obgleich der Kummer uns sehr am Herzen nagte. Ich hatte kein Geld, keine Lebensmittel. Wie schon erwähnt, hatte man mir alle Wertgegenstände aus der Wohnung entführt, auch mein eigen erspartes Geld. Unser Bankguthaben war beschlagnahmt. Ich ging zu der Frau des Bankdirektors[20], mit der wir früher im selben Haus gewohnt hatten und die uns gut kannte, um Rat zu haben. Sie war sehr reserviert und gab mir keine Auskunft. 20 Jahre hatten wir das

20) Sparkassendirektor Rudolf Borgerding. Die Städtische Sparkasse bzw. Oldenburgische Landesbank kündigte sofort nach dem Machtantritt der Nationalsozialisten 1933 ihrem langjährigen Vorstandsmitglied Hermann Gröschler die Wohnung im 1. Stock des Sparkassengebäudes in der Albanistraße.

Sparkassengebäude bewohnt, das 1914 neu erbaut worden war. Nach dem Regierungswechsel wurde uns dann die Wohnung gekündigt. Ich erinnere mich noch an das Püttbierfest, ein Pumpenfest, wo den Wasserpumpen gehuldigt wurde. Jedes Jahr vereinigten sich alle Nachbarn zu diesem Fest. In einer befreundeten Wirtschaft gab es zu essen, Getränke usw. Nachts Punkt 12 Uhr standen alle zusammen um die Pumpe, die wunderbar bekränzt war. Einer der Herren hielt eine Rede, zuletzt war noch mein Mann der Redner. Dann wurde gesungen und man kehrte in die Wirtschaft zurück. Man hielt hübsche Vorträge. Der beste Freund meines Mannes verfasste Gedichte dazu.[21] Mein Mann sang Reutter-Couplets[22], die er etwas geändert hatte. Es war eine Harmonie zwischen Jude und Christ. Bis zuletzt hatte ich Bilder, auf denen die lustigsten Momente festgehalten wurden. Sie waren zusammen fotografiert: der Bürgermeister, Handwerker, Kaufmann, der Jude, Evangelische, der Katholik.[23] Ich bemühte mich, bei anderen etwas Geld zu leihen, vergebens. Mit einem Mal waren wir Juden, wir unschuldigen, braven Juden, aus dem Buch der Menschheit ausgestri-

21) Julius Schwabe (1883 Jever – 1941 Hamburg, Freitod vor der Deportation) führte ein Schuh- und Bekleidungsgeschäft direkt neben dem Sparkassengebäude bzw. Wohnhaus der Familie Gröschler. Er liebte den Satiriker Wilhelm Busch.

22) Scherzhaft-satirisches Strophengedicht; Otto Reutter (1870 – 1931) war ein bekannter deutscher Kabarettist. Hermann Gröschler wird die allgemein bekannten Lieder mit lokalen Bezügen aufgelockert haben.

23) Das Püttbier findet jährlich an einem Montag Anfang Januar statt. Hermann Gröschler und Julius Schwabe gehörten der Albani-Pütt an.

■ 10: Treffen der Albani-Pütt, einer Nachbarschaftsvereinigung des Trinkwasserbrunnens in der Albanistraße, kurz vor dem Machtantritt der Nationalsozialisten 1933. Unmittelbar danach wurde Hermann Gröschler (stehend, 2. von links) vom Bankdirektor Rudolf Borgerding (stehend, 3. von links) die Wohnung im Gebäude der Stadtsparkasse gekündigt.

chen. Banditen regierten das Land. Nach vielem Hin und Her hat mir zuerst die Ärmste unserer Gemeinde geholfen, die zufällig noch etwas Geld hatte. Eine kurze Zeit hat sie noch bei mir im Hause gelebt.

Wer war dieser Hitler? Er hat erlaubt, dass jeder Betrug gegen die Juden gelten sollte. Er hat in seinem Wahn die Deutschen zu Hass und Trug erzogen und die schlechten Instinkte, die in dem vermeintlich guten Deutschen schlummerten, wachgerufen. Das Schlechte war erlaubt. Zum Teil haben die Menschen seine verbrecherischen Ideen ausgeführt. Das ist es, was ich bis heute nicht begreifen kann. Dieser eine Mann hat die Seelen vergiftet und die Deutschen sind seinem Wahn verfallen. Dieser eine Mann hat sich selbst zum Gott gemacht, hat das Volk geführt und verführt. Er hat seine Person als Gruß personifiziert: „Heil Hitler". Hat es das schon jemals in der Geschichte gegeben? Das Volk hat eine Mystik um ihn gewoben, durch seine Reden waren die Menschen fasziniert. Es waren ursprünglich nur Reden gewesen, aber Worte blutrünstiger Art. Das ist das Eigenartige dieses Mannes. Die Menschen sind von ihm bekehrt worden. Die schlechtesten Instinkte – Grausamkeit, Raub und Mord – sind von ihm bei den Menschen wachgerufen worden. Wie ist das deutsche Volk von den Demokraten vor diesem Regime gewarnt worden! Ich höre noch, wie die Schwiegermutter meiner Tochter mir erzählte, wie Dr. Ehlermann[24] in Oldenburg eine Rede gehalten hat: „Ich warne euch vor diesem Regime, ihr wisst nicht, was ihr tut, in Jahrtausenden ist es nicht wieder gutzumachen."

Ich sann und grübelte, morgens, mittags, nachts hatte ich keinen anderen Gedanken, als die Männer zu befreien. Ich telefonierte mit Varel, wo ein hoher Vorgesetzter der Nazis[25] wohnte. Keine Antwort: „Mit Juden wird nicht gesprochen." Ich rief bei der Polizei an, beim Bürgermeister,

24) Gustav Ehlermann (1885 – 1936), maßgeblicher Politiker der Deutschen Demokratischen Partei (DDP) im Freistaat Oldenburg und Parteifreund von Hermann Gröschler; „Schwiegermutter" – Bernhardine Löwenberg geb. Josephs (1878 Jever – 1961 Groningen).

25) Hans Flügel (1894 Varel – 1991 Varel), Kreisleiter der NSDAP im Landkreis Friesland, Haupttäter bei der Niederbrennung der jeverschen Synagoge 1938.

beim Amtshauptmann. Keiner wusste etwas zu sagen.[26] Ich rief in Wilhelmshaven bei einem ihn behandelnden Arzt an, ob er etwas für meinen Mann tun könne. Der Herr ließ sich sprechen, war aber zu ängstlich. Ich traf mit den jüdischen Frauen zusammen, die in gleicher Not waren wie ich. Jede versuchte, für ihren Mann etwas zu erreichen. Zwei von Geburt christliche Damen – die eine hatte einen jüdischen Kriegsverletzten geheiratet, der 1915 im Kriege ein Bein verloren hatte, die andere war 10 Jahre Hausdame bei einem jüdischen Herrn – teilten unser trauriges Los. Sie schämten sich vor uns, dass sie Christen waren.[27] Wir trösteten uns gegenseitig.

Wir alle sahen aus wie Gespenster, da wir kaum Mahlzeiten zu uns nahmen. Doch halfen wir uns, wo es zu helfen gab. Wirre Gedanken durchkreuzten unseren Kopf. Eine uns befreundete Dame erhielt von ihrer Schwägerin Besuch aus Holland. Wir liefen alle zu ihr, um Gutes zu erfahren. Sie tröstete uns. Es wird noch alles gut werden,

26) Bürgermeister Martin Folkerts (1902 Jever – 1971 Jever) war ein sog. „alter Kämpfer" der NSDAP und in der NS-Zeit ein Hauptkontrahent der jüdischen Gemeinde und des Vorsitzenden Hermann Gröschler. Folkerts und Gröschler kannten sich aus dem Stadtrat und aus dem Vorstand der Sparkasse. Amtshauptmann (Landrat) war Hermann Ott (1895 Brake – 1977 Oldenburg).

27) Ruth Luise Levy geb. Seecamp (1896 Bremen – 1960 Jever) war die Ehefrau von Erich Levy (1881 Jever – 1967 Hannover). Sie war ca. 1925 zum Judentum übergetreten. Helene Bruns (1892 – 1961) war Haushälterin bei Willy Max Josephs (1880 Jever – 1942 deportiert nach Minsk). Ihre nach dem sog. Blutschutzgesetz von 1935 ungültige, aber offenbar dennoch am 1.1.1939 in Oldenburg mit Willy Max Josephs geschlossene Ehe wurde 1957 nachträglich als gültig anerkannt. Ihre Namensänderung in Helene Josephs-Bruns ist 1958 beurkundet worden.

doch wie sich später herausstellte, wusste auch sie nichts. Heute weiß ich, dass diese Dame schon lange in Polen ist. Eine Schwester unserer Freundin, die auch mit uns zusammen war, hat sich später das Leben genommen.

Endlich gelang es mir, mich mit meinen verheirateten Kindern in Holland in Verbindung zu setzen. Die Schwiegermutter meiner Tochter sowie unsere Kinder[28] selbst waren sehr aktiv, und so versuchten sie gemeinsam, eine Niederlassungsgenehmigung für uns in Holland zu erreichen. Auch ein Geschäftsfreund meines Mannes, der zufällig mit uns telefonierte, erhoffte durch seinen Einsatz für meinen Schwager und meinen Mann ihre Entlassung. Eines Tages schickte mir mein Schwiegersohn einen mit ihm befreundeten jüdischen Patienten[29] mit dem Beweis der Niederlassungsgenehmigung für uns beide für Holland. Gemeinsam fuhr ich mit dem jüdisch-holländischen Herrn zu der hohen Gestapo nach Wilhelmshaven. In Wilhelmshaven angekommen, gingen wir direkt zum Gestapogebäude.[30] Unten war ein großes, verschlossenes Gitter. Wir

28) Gemeint sind Bernhardine Löwenberg geb. Josephs (1878 Jever – 1961 Groningen), die Tochter Käthe Löwenberg-Gröschler (1915 Jever – 2002 Groningen) und der Schwiegersohn Dr. Alfred Löwenberg (1911 Sulingen – 2005 Groningen).

29) Sally Palm, ein Betriebsleiter aus Groningen und Niederländischer Staatsbürger; Tochter und Schwiegersohn befürchteten, nach einem Besuch in Deutschland nicht mehr zurück zu dürfen.

30) Die Zentrale der Geheimen Staatspolizei des Regierungsbezirks Aurich, des Landes Oldenburg und der Stadt Wilhelmshaven befand sich im Gebäude des 1937 erbauten Wilhelmshavener Arbeitsamts, Am Rathausplatz 4/6.

wurden gemeldet und erhielten Einlass, große Treppen gingen nach oben. Man führte uns in ein Büro. Nachdem wir unser Anliegen einem Deutschen vorgebracht hatten, wurden wir in ein daneben liegendes Bürozimmer gebracht. Dort saß ein hoher Offizier mit seiner Sekretärin. Ich fasste Mut und erzählte dem Herrn sämtliche Geschehnisse unserer Gemeinde, vom Synagogenbrand, von der Verhaftung meines Mannes, vom Silber- und Gelddiebstahl in unserem Hause, von dem verwilderten Zustand, wie die Deutschen das Geschäftskontor hinterlassen hatten. Ich hatte keine Angst. Ich sagte mir: „Was kann dir noch passieren?" Der Offizier hörte sich alles an, äußerte sich nicht weiter. Dann fragte er den holländischen Herren: „Warum kommen Sie hierher, in welchem Verhältnis stehen Sie zu Frau Gröschler?" Seine Antwort: „Ich bin ein Verwandter ihres Schwiegersohnes und wollte ihr persönlich die Aufenthaltsbewilligung für Holland für sie und ihren Mann bringen." Mich fragte der Offizier nach dem Namen des Geschäftsfreundes meines Mannes, der sich für unseren Herrn eingesetzt hatte. Der Name stimmte. Darauf der Offizier: „Ihr Mann und Ihr Schwager werden entlassen." Erleichtert ging ich fort. Wie es in meinem Innern vor Freude aussah, kann ich nicht sagen. Unser edler Freund ging mit mir fort, ich wusste ihm nicht genug zu danken. Ich bat ihn, zurück mit mir nach Jever zu fahren, doch er nahm den nächsten Zug nach Holland. Ich bin überzeugt, er war überfroh, als sein Zug wieder über holländischen Boden fuhr. Ich fuhr zurück nach Jever.

[24. Nov. 1938 bis Jan. 1939 und Rückblick auf die Jahre seit 1933]

Ich höre das Telefon: „Hier ist Hermann. Das habt ihr aber fein gemacht. Wir sind frei." Und dann kamen mein Schwager und mein Mann nachts an.[31] Ich sehe meinen Mann vor mir: geschoren, ramponiert aussehend, ganz heruntergekommen, obwohl sauber. Wie glücklich waren wir, wieder zusammen zu sein. Wie viele sind nie zurückgekehrt! Er hatte die Gefahren des Lagers überstanden. Als die beiden Männer sich etwas erholt hatten, gingen sie in das Geschäftshaus. Wie das Kontor vorher von den Deutschen verwildert worden war, haben sie nicht mehr gesehen. Es stand im Kontor ein großer Bücherschrank mit Akten. Sie haben den ganzen Schrank umgeschmissen – und alles lag durcheinander auf dem Fußboden. Mein Schwiegervater, mein Schwager und mein Mann hatten mühevoll ihre Existenz aufgebaut. Sie haben volkswirtschaftlich erhebliche Verdienste für Deutschland aufzuweisen. Auf Grund eigener Ideen haben sie aus früher wertlos weggeworfenen Abfällen wertvolle Dungstoffe und Füllmaterial für Betten gewonnen. Auf diese Weise wurden jährlich Tausende von Zentnern unbedingt wichtiger Grundstoffe der Volkswirtschaft zugeführt. Von den Füllmaterialien ist auch laufend nach dem Ausland – England, Dänemark und andere Länder – geschickt worden. Die ideellen Werte eines

31) Die Entlassung der Brüder Hermann (1880 Jever – 1944 KZ Bergen-Belsen) und Julius Gröschler (1884 Jever – 1944 Auschwitz) aus dem KZ Sachsenhausen erfolgte am 24. November 1938.

Zweiges des Geschäftes[32] wurden von einer Berliner Firma übernommen. Unsere Männer mussten erleben, wie sich inzwischen der größte Pöbel des Platzes im Geschäftshaus eingenistet hatte.[33] Die Diebesarbeit war in Deutschland zum scheinbar ehrlichen Beruf geworden – und ehrliche, anständige Menschen waren zu Verbrechern gestempelt. Der Begriff „Recht" ist verdreht worden, und der Ausschuss der Menschheit hat die Macht an sich gerissen. Wer diese Zerstörungen der Wohnungen, Geschäftshäuser usw. gesehen hat, wird den Anblick der rohen Gewalt nie vergessen. Räuber haben die heiligen Stätten angesteckt, Mörder haben unsere Männer in die Gefängnisse geworfen.

Mein Mann und mein Schwager mussten natürlich alles zu den ungünstigsten Bedingungen verkaufen, was sie nun an Besitz hatten. Mein elterliches Haus, das wir nie verkauft hätten, wurde uns einfach enteignet.[34] Nun begannen wir, für unsere Ausreise zu rüsten. Die Unbedenklichkeitsbescheinigung kostete meinen Mann viel Geld. Unsere alten Möbel durften wir nach Holland mitnehmen. Jedes kleinste Teil hatten wir aufzugeben und auf Listen festzulegen. Alles unterlag der Devisenkontrolle – von der Stecknadel bis zum großen Möbelstück. Es war eine unheimliche Arbeit. Wie oft bin ich nach Bremen zur Devi-

32) Patente der Firma „Simon Gröschler KG" über bestimmte Verfahren der Rohstoffrückgewinnung.

33) Gemeint ist Paul Liebenow; dieser war zeitweilig Leiter der städtischen Altmaterialerfassungsstelle im Geschäftshaus der enteigneten „S. Gröschler KG"; vgl. Fußnote 16.

34) Die Villa Mooshütterweg (jetzt Anton-Günther-Straße 35a) in Jever, in der Simon Gröschler, der Vater des Ehemannes, bis zu seinem Tod Anfang 1938 lebte.

senstelle gefahren! Dort stand es voll von Menschen, die in gleicher Lage waren wie wir. Die Juden haben den Deutschen viel Arbeit gemacht. Einmal sagte eine Jüdin zu mir: „Ich weiß nicht, warum Hitler sich so viel Arbeit mit den Juden macht, er hat doch sonst genug am Kopf." Ich sehe

■ 11: Unten v.l.: Wohnhaus von Julius und Hedwig Gröschler, das Gasthaus „Traube" und das Gebäude der Stadtsparkasse, in dem Hermann und Änne bis zur Kündigung 1933 wohnten. Links oben ist die Kuppel der Synagoge zu erkennen. Foto von 1935.

noch eine ältere Dame neben mir stehen, die als wertvolles Andenken eine Brosche mitnehmen wollte, es wurde ihr nicht erlaubt. Auch ich musste vieles, was mir lieb war, zurücklassen. Als wir unsere Listen eingereicht und als gut befunden zurück hatten, als der Möbelwagen der Kontrolle unterzogen und die Geschäftsfragen erledigt waren, konnten wir ehrenvoll, auf legalem Wege, unsere

Reise in die „Freiheit" antreten. Wir waren beide total erschöpft.

Im Januar 1939 fuhren wir nach Holland. Der Abschied der Brüder voneinander war herzzerreißend. Der Abschied von seinem Geburtsort ist meinem Mann sehr, sehr schwer gefallen. Er war Mitglied des Vorstandes der Landessparkasse, Vorsitzender des Arbeitgeberverbandes, Mitglied des Vorstandes der Kleinwohnungsbaugesellschaft, jahrelang Stadtrat usw. Ich erwähne es nur wegen der Selbstlosigkeit meines Mannes, für andere gelebt zu haben. Unser Weg zum Zuge, den wir so oft gemacht hatten in freudevolleren Zeiten, war ein schwerer Gang. Wir waren froh, zu den Kindern zu kommen, doch nicht unter diesen Umständen. Endlich waren wir am Zuge. Wir hatten uns von unseren Freunden, die zurückblieben, verbeten, an die Bahn zu kommen. Der Abschied von allen ist uns gegenseitig schwer gefallen. Ich sagte einem alten Mann ade, ein kluger Mann, der sehr belesen und interessant war. Der Mann war ganz empört, dass wir aus der Gemeinde fortgingen. Er hielt viel von uns und wollte uns nicht entbehren.[35] Wir gingen und ließen die anderen zurück. Diese Bindung an unsere Schicksalsgenossen, die Bindung an die Familie, an sein Heim, an seine Existenz war es vielleicht, dass wir so spät aus Deutschland auswanderten. Zwei treue Leute, die uns bis zuletzt geholfen hatten, kamen noch an die Bahn. Wir waren am Zug, wir stiegen ein. Im Zuge wag-

35) Moses Schwabe (1857 Jever – 1941 Dortmund); er war ein Freund des Schriftstellers und Malers Georg von der Vring (1889 Brake – 1968 München) während dessen Jahre in Jever.

ten es wirklich Christen, an uns heranzutreten und uns zuzurufen: „Fahret mit Gott!“

Die Christen mussten uns meiden, man sprach nicht mit uns, man grüßte uns nicht, kein Christ durfte einen Handschlag für uns tun. Nur in Ausnahmefällen, gesellschaftlicher oder behördlicherseits. Es war eine Schande für den Arier, in irgendeine Verbindung mit den Juden zu treten. Die Toten hatte man selbst zu bestatten, Gräber selbst zu graben. Die Friedhofssteine wurden von roher Hand umgeworfen. Die früheren „Bedürftigen“, die wir unterstützten, straften uns mit Missachtung unserer Person. Im Beginn dieser Schreckenszeit ging ich mit meiner alten Tante von 89 Jahren über die Straße. Wir grüßten versehentlich eine Frau, eine Anhängerin Hitlers: „Was, Sie wagen mich zu grüßen, so eine Frechheit!“ Sie schrie noch mehr, schimpfte, raste hinter uns her. Mein früherer Kolonialwarenhändler, der die Liebenswürdigkeit im Laden war: „Ach, Frau Gröschler, Sie haben doch keine Zeit zu warten, darf ich es aufschreiben und Ihnen schicken?“ Der Mann war unser Nachbar. Er hatte als erster ein Schild „Juden haben keinen Zutritt“. Kurz vor dem fragte ich ihn mal, wie es komme, dass er zu dieser Partei halte. „Bei der demokratischen Regierung bin ich zu nichts gekommen.“ Er war später einer der gefährlichsten Hetzer im Ort.[36] Unsere Herren gingen im Beginn noch zu ihrem Barbier, der noch nicht vom Hitlerismus angesteckt war.[37] Unser Kolonialwarenhändler hat ihm

36) Wilke Husmann, Große Burgstraße 3

37) Otto Schenker, Große Burgstraße 7

dann zu sehr zugesetzt. Eines guten Tages kam er heimlich im Dunkeln zu uns. Er durfte unsere Männer nicht mehr barbieren, es wäre ihm persönlich schrecklich. Die Partei tue ihm zu viel Leid an, und er müsse doch leben. Er war so verlegen. Er überließ uns einen Haarschneideapparat, und ich habe meinem Mann später stets damit die Haare geschnitten, bis uns eines Tages der Apparat gestohlen wurde. Einmal hatte ich dringend etwas in einem Eisenwarengeschäft nötig. Der Inhaber war lange mit meinem Mann im Stadtrat und ganz befreundet mit ihm. Darum wagte ich es, gerade zu ihm zu gehen. Dieser Mann kam zu mir und sagte: „Ich kann Ihnen keine Ware verkaufen".[38] Ein Tapezierer, der sehr viel jüdische Kundschaft hatte, der hundertmal bei uns in der Wohnung und stets dankbar und freundlich war, da ich eine gute Kundin von ihm war, verachtete uns direkt. Der Sohn ließ uns keine Ruhe mit Schimpfworten. Die Tochter unseres Hausarztes, die ich als kleines Kind kannte und ein reizendes, freundliches Mädel war, grüßte mich nicht mehr. Die Tochter einer früheren Hausangestellten, ein neunjähriges Kind, das in unserer Straße wohnte, sah impertinent fort. Der früher beste Freund meines Sohnes, ein lieber armer Junge, sah fort, wenn ich ihm begegnete.

38) Emil Brader (1875 Jever – 1953 Jever), Anhänger der Deutsch-Nationalen Volkspartei (DNVP); Brader war von 1921 bis 1931 Vorsitzender des Stadtrats. 1931 wählte er mit seiner Fraktion und den Vertretern der NSDAP den NSDAP-Ortsgruppenvorsitzenden und Studienrat am Mariengymnasium Karl Gottschalck (1895 Norden – 1973 Norden) zum Stadtratsvorsitzenden.

Ein armes Kind, das Kleider meiner Tochter getragen hatte, kannte uns nicht mehr. Die Tochter unseres Schlachters, bei dem ich fast alles gekauft hatte, übersah mich.

Am ärgsten waren die furchtbaren, minderwertigen Verleumdungen über die Juden im Allgemeinen. Broschüren mit verhöhnenden Abbildungen hingen in Reklamekästen.[39] Sie brandmarkten die Juden als Parias, als Ausschuss der Menschheit. Teuflische Dinge wurden erschwindelt und nie hätte man geahnt, dass in einem Lan-

■ 12: Das Foto entstand anlässslich des neu eingerichteten Praxisraums in der Praxis von Dr. med. Löwenberg in Groningen, im Jahr 1939. Von links nach rechts sitzend: Änne und Hermann, Dini Löwenberg und eine unbekannte Person; stehend: Käthe und Alfred Löwenberg.

39) In Jever hingen in drei verschiedenen Straßen sog. „Stürmer-Kästen", in denen das antisemitische Hetzblatt „Der Stürmer" präsentiert wurde.

de, das uns geboren hatte, diese Unmenschlichkeiten zu Tatsachen geworden waren. In einer anderen Gemeinde sind die Leute im Altenheim geschlagen worden. Meine Schwägerin erzählte mir: „Eines Morgens klingelte es an der Tür. Das Mädchen öffnete, fragte ahnungslos: ‚Was wünschen die Herren? Die Herrschaften schlafen noch.' Es waren Nazis. Sie liefen wütend durchs Haus, schlugen einen großen Teil Möbel entzwei." Meine Schwägerin ist aus ihrem Haus geflüchtet. Bei anderen haben sie Klaviere auf die Straße geworfen. Man war willenlos der Horde ausgeliefert. Eine alte, christliche Frau, die ich mal im Dunkeln gesprochen hatte, sagte zu mir: „Wie kommt das alles nur, Frau Gröschler, die Juden waren in unserer Gemeinde alles ordentliche, feine Menschen?" So wurde das Volk geknebelt. Diejenigen, die nicht mit allem einverstanden waren, wurden unterdrückt. Hohn, Spott, Verachtung ist ihnen zum Wahlspruch geworden.

Bis zur Grenze waren mein Mann und ich ganz unserem Innern hingegeben. Wir konnten es immer noch nicht fassen, dass Hitler mit seinem Stab dieses Chaos über die Welt gebracht hat. An der Grenze wurden wir untersucht, mein Mann musste sich ausziehen. Es war alles bei uns in bester Ordnung. Als wir die holländische Grenze überschritten, fiel uns ein Alp vom Herzen und wir fühlten uns nach langer Zeit als freie Menschen. An der Grenze standen meine Tochter und Schwiegermutter Dini, die uns voller Aufregung und Innigkeit begrüßten. Unser wichtigstes Papier, die Aufenthaltserlaubnis, hatten wir bei uns. Sie stiegen bei uns ein, und wir konnten unserem Herzen so recht Luft machen. Wir weinten und lachten jetzt vor Glück. In Groningen erwartete uns unser Schwiegersohn an der Bahn.

2. Groningen und die Okkupation der Niederlande – Januar 1939 bis 1942 –

Als wir die holländische Grenze überschritten, fiel uns ein Alp vom Herzen, und wir fühlten uns nach langer Zeit als freie Menschen. An der Grenze stand meine Tochter mit Schwiegermutter Dini, die uns voller Aufregung und Innigkeit begrüßten. Unser wichtigstes Papier, die Aufenthaltserlaubnis, hatten wir bei uns. Sie stiegen bei uns ein – und wir konnten unserem Herzen so recht Luft machen. Wir weinten und lachten vor Glück. In Groningen erwartete uns unser Schwiegersohn an der Bahn. Auch er empfing uns voller Liebe. Zu Hause war alles festlich gestaltet; und so lebten wir zusammen mit den Kindern und der Mutter meines Schwiegersohnes, die voller Herzlichkeit waren.

Mein Schwiegersohn war Arzt. Wir bewohnten ein großes Haus und ich machte mich im Hause nützlich. Das große Sprechzimmer, mit dem Blick auf ein kleines Gärtchen, war unser aller Stolz. Mein Schwiegersohn hatte nochmals in Holland studiert, nachdem er aus Deutschland ausgewandert war. Er durfte in Holland seine Praxis ausüben. Seine Mutter und er hatten es auch in Holland nicht leicht, durchzukommen. Das Schild an der Tür als Arzt nach bestandenem Examen war eine große Freude. Der Vater war im Weltkrieg verschüttet worden und war 18 Jahre gelähmt.[40] Uns selbst eine neue Existenz zu gründen, war nicht möglich. Mein lieber Mann erhielt nicht die Arbeitserlaubnis. Wir halfen meiner Tochter bei der Heimarbeit, der „Mufffabrikation“. Das Leinen war zugeschnitten, die Reißverschlussöffnung schnitten wir und nähten den Reißverschluss hinein. Dann wurden die Müffchen mit Kapok[41] gefüllt. Wir waren froh, helfen zu können. Eines Abends trugen meine Tochter und mein Schwiegersohn ein reizendes Muffcouplet vor. Die Schwiegermutter meiner Tochter war eine tüchtige Frau, sie war den Kindern eine liebevolle Stütze. Sie verstand es, meinem Schwiegersohn die Existenz geldlich mit zu erleichtern. Mein Schwiegersohn hatte eine sehr schöne Praxis. Durch seine Aufopferung für die Patienten war er sehr beliebt, er war ein geborener Arzt.

Im September 1939 hat Deutschland dann Polen den Krieg erklärt. Wir lebten in ständiger Sorge, Holland könne mit hineingezogen werden. Wie oft haben wir die Landkarte in der Hand gehabt mit dem Gedanken, weiterzuwandern. Aber fünf Personen! Und die Mittel dazu? Dann liebten wir das kleine Holland, das uns so

40) Iwan Löwenberg (1880 Stadt Rehburg – 1931 Oldenburg)

41) Die Samenfaser des Kapokbaums diente als Füllmaterial für Polster

gastlich aufgenommen hatte. Wir wuchsen mit hinein in das Land. Die NSB-Partei Hollands[42] wurde stärker und Juden, die auswandern wollten, wurden verhöhnt. Es schämten sich viele Juden fortzugehen, da sie es in dem freien Land stets gut hatten. Die Juden genossen in Holland vollständige Gleichstellung. Eine uns bekannte Familie wanderte aus, es wurde viel darüber diskutiert, viele empfanden das als nicht richtig. Trotz steter Versicherung von deutscher Seite, Holland unangetastet zu lassen, machten sich unsere Befürchtungen wahr. Abends hatten wir Besuch und man sprach viel über die Lage. Gerade an dem Abend gingen mein Mann und ich beruhigt zu Bett.

[10. Mai 1940]
Morgens in aller Frühe klopft es. Meine Tochter steht im Nachthemd vor uns: „Die Deutschen sind schon auf dem Wege nach Holland. Wir müssen flüchten." Wir beide, mein Mann und ich, wie der Wind aus dem Bett. Schnell in die Kleider. Zum Waschen hatten wir keine Zeit. Wir packten flüchtig zusammen. Ich lief an den Kleiderschrank. Ich lief zurück, wusste nicht, was soll ich einpacken? Ich nahm einen kleinen Koffer, warf Nachthemd und ein Kleid hinein. Mein lieber Mann packte auch in

42) Die 1931 gegründete Nationaal-Socialistische Beweging (NSB) in den Niederlanden war eine an die Ideologien des europäischen Faschismus angelehnte Partei. Sie teilte in ihrer Mehrheit zunächst nicht den Rassismus der deutschen Nationalsozialisten. Nach der Okkupation der Niederlande war die mit den Besatzern kollaborierende NSB die einzig zugelassene Partei.

der Art ein. Meinen Mantel hatte ich vergessen. Unten angekommen, wir wohnten in der Oberwohnung, war ein schreckliches Durcheinander. Die Schwiegermutter meiner Tochter suchte überall ihren Pass. Sie weinte. Wir atmeten alle auf, als sie ihn fand. Ob wir noch gegessen haben, weiß ich nicht. Das sonst so musterhaft geführte Haus lag in großer Unordnung, das uns so lieb gewordene Haus. Man erzählte uns später, dass in der Küche das Gas gebrannt hatte. Den Schlüssel übergaben wir dem Nachbarn. Wir gingen aus dem Hause, fünf Personen: meine Tochter mit ihrem Mann und seiner Mutter, mein Mann und ich. Vor der Tür stand das Auto, das mein Schwiegersohn für uns bereit hatte. Wir stiegen ein. Er kuppelte das Auto ein und wir fuhren ab. Er raste über den Marktplatz, eine befreundete Familie mitzunehmen: Mann, Frau, Sohn. Sie stiegen zu uns. Das Auto fuhr weiter, dann stoppte es. Es war wohl überlastet. Die Familie stieg wieder aus und ging in ihr Haus zurück. Das Auto war lädiert. Schnell sah man zu, ein Auto zu mieten, was uns glücklich gelang. Der Chauffeur raste los. Wir hatten nur eine Vorstellung: hinter die Wasserlinie[43] zu kommen. Der Chauffeur hat uns gut gefahren. Er kannte jeden Weg. Wir sind der scharfen Kontrolle entgangen. Andere Flüchtlinge sind in die Gefängnisse geworfen worden und haben furchtbare Strapazen erlitten.

43) Die „Wasserlinie" war ein unterhalb des Meeresspiegels liegendes Gebiet der Niederlande, das durch Öffnung der Schleusen geflutet werden konnte und so die westlichen Teile des Landes abriegeln sollte.

Wir verließen das Auto und fuhren mit einem Zug weiter. Vor Leeuwarden trafen wir mit den Camp-Insassen von Westerburg[44] zusammen. Auch sie glaubten sich gerettet, da sie das Camp verlassen hatten. Rabbiner Levysohn nahm sich ihrer an. Verwandte meines Schwiegersohnes, eine Familie mit zwei Kindern, waren auch unter den Campinsassen. Alle waren voll Hoffnung auf die baldige Erlösung. In Leeuwarden stiegen wir mit den Campleuten aus. Wir liefen alle über die Straße, die Menschen sahen uns voller Bedauern an. Dann standen wir vor einem großen Gebäude, in das wir hineingingen. Wir Fünf hatten dort keine Ruhe und verabschiedeten uns von unseren Freunden und Verwandten. Draußen überlegten wir. Wir kannten eine Familie Wold, die ein Hotel besaß. Dorthin gingen wir, man empfing uns sehr nett. Alles war in Aufruhr. Dann stärkten wir uns etwas. Auch dort wollten wir nicht bleiben, wir verabschiedeten uns. Dann orientierten wir uns am Bahnhof. Unsere Ruhe war dahin. Wir mussten hinter die Wasserlinie gelangen.

Wir fuhren ans Wasser, mieteten ein Boot. Dann stiegen wir in das ausgehandelte Boot. Die Preise waren sehr gestiegen. Der Holländer setzte – im Falle

44) Das kurz vor dem Zweiten Weltkrieg von den Niederlanden als zentrales Flüchtlingslager in einem abgelegenen Heidegebiet bei Assen eingerichtete Kamp Westerbork wird von Änne Gröschler immer als „Westerburg" bezeichnet. Das Lager wurde ursprünglich gegründet, um die nach den Novemberpogromen von 1938 anschwellende Zahl der Flüchtlinge aus „Großdeutschland" aufzufangen. Westerbork ging am 1. Juli 1942 in die deutsche Verwaltung über und wurde zum zentralen Durchgangslager für die Deportation niederländischer und sich in den Niederlanden aufhaltender deutscher Juden in die Vernichtungslager umfunktioniert.

eines Krieges – seine Hoffnung auf das Wasser. Das war eine natürliche Festung. Wurden bei Gefahr die Schleusen geöffnet, stand das ganze Land unter Wasser. Wir alle saßen im Boot. Es fuhr ab. Ich glaube, es währte einige Stunden. Auf dem Schiff war wenig Raum und wir waren dort sehr beengt. Bevor wir unser Ziel erreicht hatten, gewahrte unser Auge in der Ferne Militär. Oh Schreck! Sollte es deutsches sein? Je mehr wir uns dem Lande näherten, desto gewisser wurde es uns, dass wir unter holländischem Schutz waren. Wir erkannten die holländische Uniform. Dann legte unser Schiffer an. Wir wurden sehr misstrauisch empfangen, wir konnten Spione sein: „Was führt Sie hierher?" - „Wir sind Juden und vor den Deutschen geflüchtet." Dann veränderte sich der Ton. „Zeigen Sie Ihre Papiere!" Nachdem wir uns ausgewiesen hatten, unsere Pässe nachgesehen waren, mein Schwiegersohn noch in längeren Ausführungen alles klargelegt hatte, durften wir endlich aussteigen. Unsere Füße standen auf gesichertem Boden, wir hatten es erreicht. Vom Militär begleitet, kamen wir in einen Warteraum. Dann führte man uns zu guten Menschen in ihre Privatwohnung. Man nahm uns wundervoll auf. Wir aßen und schliefen dort. Die Leute hatten prachtvolle Kinder und waren voller Verständnis für unsere Lage. Alles stand unter dem gewaltigen Eindruck der Politik. Sie fragten, wir antworteten, wir fühlten uns nach den Strapazen dort wohl. Unser netter Hauswirt besaß ein Restaurant. Wir waren glücklich, Geld eingesteckt zu haben, um für uns fünf Personen bezahlen zu können. Jedoch hatte unser aller Appetit sehr gelitten. Im Restaurant, wo wir uns fast immer aufhielten, ging es oft lebhaft zu: alles politische Gespräche. Wir waren voller guten Mutes, der größten Gefahr entgangen zu sein. Wir waren mit unseren Gesprächen vorsichtig. Der Bürgermeister, alle, kamen in das Restaurant. Ich sehe uns mit ihm um den Tisch sitzen.

Später erfuhren wir, dass der Bürgermeister ein verkappter Hitler-Anhänger war. Offiziell durften wir als Flüchtlinge nicht auf die Straße. An Kanonendonner, Kriegsgewirr, flüchtende Menschen gewöhnten wir uns. Als mein Mann und ich uns in unserem Zimmer schlafen gelegt hatten, schreckten wir von Kanonendonner auf. Wir dachten, die Zimmerdecke sei eingestürzt. Das wiederholte sich noch mehrere Male. Jedes Radiogespräch hörten wir. Beunruhigt waren wir über die Berichte über viele Fallschirmspringer, die von feindlicher Seite herunterkamen. Der Kanonendonner rückte stets näher, die Beunruhigung wurde größer.

Radiomeldung: „Die Königin spricht" – „Julianchen wird mit ihren Kindern das Land verlassen." Die wildesten Gerüchte kamen in Umlauf. Auf Beatrice und Irene sei ein Anschlag verübt worden. Eine Hofdame hätte Verrat geübt. Wieder eine Radiomeldung. Die Königin spricht wieder: Ihre Minister bitten sie, das Land zu verlassen, es würde ihr sehr, sehr schwerfallen, doch sie könne vom Ausland mit ihrem Kabinett mehr für Holland erwirken. Ein Schock nach dem anderen. Letzte

Radiomeldung: „General Winkelman übergab die Waffen."[45] Ein furchtbarer Schlag, Wir waren der vollen Verzweiflung nahe. Zum zweiten Mal dieses schwere Geschick. Alle unsere Pläne umsonst, unsere Hoffnung vernichtet. Wir sahen uns an. Meine Tochter weinte. Ihre Schwiegermutter sah aus wie der Tod. Die Männer dachten: Wie müssen wir handeln? Es muss etwas geschehen. Wir packten das Wenige zusammen. Unser Aufenthalt war nutzlos geworden. Wir verabschiedeten uns von den lieben Menschen, die so gut mit uns gewesen waren. Auch sie waren betroffen von dem politischen Unheil. Auch sie fühlten sich unglücklich. Doch verstanden sie uns und fühlten mit uns.

Wir nahmen uns ein Auto und fuhren nach Amsterdam. Was der Krieg angerichtet hatte, sahen wir kaum: Ich weiß, dass ich nur große Überschwemmungen sah. Wir bedauerten das holländische Volk, das so tapfer gekämpft und so gelitten hat. Wie viele prachtvolle Holländer haben für ihr Vaterland gestritten und ihr Blut lassen müssen! Die Grebbelinie[46] war zum Begräbnis-

45) Königin Wilhelmina (1880 – 1962) emigrierte am 13. Mai 1940 mit ihrer Familie, darunter die erwähnte Tochter Juliana (1909 – 2004, von 1948 – 1980 Königin) und deren Töchter Beatrix (geb. 1937, von 1980 bis 2013 Königin) und Irene (geb. 1939), nach England. Am 15. Mai 1940, ca. 20:30 h, erfolgte die Radiomeldung der vollzogenen Kapitulation durch General Henri Winkelman.

46) Die Grebbe-Linie war eine armierte Verteidigungslinie südlich des Ijsselmeers, benannt nach dem Grebbeberg bei Rhenen. Bei der Schlacht am Grebbeberg vom 10. bis zum 13. Mai 1940 starben 471 niederländische und 275 deutsche Soldaten.

hügel geworden. Ich höre noch die Schilderungen des Soldaten Palma, der dem Tode entronnen ist. Wir betrauerten unsere Juden und unser eigenes Los. Wir kamen in Amsterdam an und verteilten uns in verschiedene Familien, Verwandte von uns. Frau Copins wollte uns aus politischer Angst nicht aufnehmen. In Amsterdam haben sie auch viele schlaflose Nächte erlebt, fast alle waren in die Luftschutzkeller geflüchtet. Sie haben sehr gelitten. Alles war deprimiert, der Hass gegen die Deutschen unbeschreiblich. Rotterdam war gänzlich zerstört und verwüstet, es herrschte eine finstere Stimmung. Rotterdam, die wichtige Hafenstadt – eine Ruine![47] Mein Mann und ich hatten Rotterdam in so schöner Erinnerung. Familie Cohn, frühere Freunde aus unserer Heimat, hatten uns damals so gastlich aufgenommen. Mit Stolz zeigten sie uns Rotterdam, Scheveningen, Den Haag und andere Schönheiten Hollands. Wie waren sie jetzt voller Mitleid mit unserem Schicksal! Die Mahlzeiten waren reichlich, wir wurden sehr verwöhnt. Sie überhäuftem uns mit Güte. Als wir Abschied nahmen, drückten sie mir für das Mädchen Trinkgeld in die Hand, nur aus Fürsorge für ihre Änne.[48] Ich dachte für mich: Wie arm müssen wir geworden sein! Diese lieben, wohlhabenden Menschen ahnten damals noch nicht ihr eigenes trauriges Schicksal: ihre Deportation nach Polen. Wie viel

47) Die Bombardierung von Rotterdam am 14. Mai 1940 kostete 814 Zivilisten das Leben und zerstörte die Altstadt vollständig.

48) Änne Gröschler erhielt das Trinkgeld für die Hausangestellte, um vor dieser das Gesicht zu wahren.

Verzweiflung hat die Niederlage Hollands bei dem Volke ausgelöst! Wie viele, vor allem Juden, haben ihrem Leben ein Ende gemacht! Ungezählte sind noch nach England geflüchtet. Unzählige mussten sich mit ihrem traurigen Schicksal abfinden. Wilde Szenen haben sich bei den Flüchtlingshäfen abgespielt.[49] Ein Mann namens Cripus erzählte mir, er hätte schon seinen Tod vor Augen gesehen und sei umgekehrt. Von Geldern, ein Freund meines Schwiegersohnes, der allein geflüchtet war und seine Frau zurückgelassen hatte, schrieb später, er sei hunderte Meter in die Luft geschleudert worden, mit ihm auch andere, doch durch Zufall gerettet worden. Die Menschen bedachten keine Gefahr. Jeder hatte nur einen Gedanken: „Fort vom Hitlerismus!"

Zufällig habe ich den Einmarsch der Deutschen miterlebt, ich war gerade auf der Straße. Es war eine tiefe Trauer. Nur die NSB, die holländische Nazipartei, die durch Verrat das Land erkämpft hatte, frohlockte. Man sagte, die Deutschen hätten die vollständigen Maße der holländischen Brücken bei sich gehabt, Verräter hätten statt Explosionsstoff Sand in die Behälter getan. Nun zogen die Deutschen durch das liebe Holland, sie hielten ihren Einzug, es war ein langer Zug. Holland hatte nun endgültig seine Freiheit eingebüßt. Ich ging nun weiter und traf mich mit den anderen. Unsere verunglückte Flucht zwang uns zu einem Entschluss. Familie Hermann hatte meinen Mann und mich liebevoll bewirtet.

49) Die Deutschen bombardierten die niederländischen Häfen.

Wir verabschiedeten uns und fassten Mut, nach Groningen zurückzukehren. Man war doch unsicher, ob man nicht unterwegs als Jude verhaftet wurde. Unsere Kinder waren schon fort, sie hatten auch versucht, nach England zu flüchten, doch war es zu spät. Wir nahmen den Weg über Wasser und waren auf jede Gefahr vorbereitet. Endlich – nach langer Fahrt – kamen wir in Groningen an. Wir waren wieder in Groningen. Wir gingen sehr vorsichtig, sahen uns stets nach allen Seiten um. Ängstlich bahnten wir uns den Weg zu unserem Heim. Da begegnete uns Herr Gischer. „Adolf, können wir beruhigt nach Hause gehen?" – „Ja, es wird euch nun nichts passieren." Er erzählte uns, dass er auf seiner Flucht verhaftet worden war, nun aber wieder frei sei. Er war als Jude mit NSBlern zusammen eingesperrt worden. In der Gefangenschaft hatten sie sich gegenseitig geholfen. Wir verabschiedeten uns, gingen weiter. Endlich kamen wir zu Hause an. Wir standen in unserem Heim. Erst als wir meine Tochter mit ihrem Mann sahen, waren wir zufrieden. Den ganzen Weg waren unsere Gedanken damit angefüllt, ob sie glücklich zu Hause angelangt seien. Unsere Freude war groß, man hatte zu viel erlebt.

Das Leben wurde zu dauernder Angst. Mein Schwiegersohn übte seine Praxis wieder aus, wir gingen unserer gewohnten Arbeit nach. Je mehr die Anhänger der Deutschen sich in ihr NSB-System einarbeiteten, desto ärger war es für die Juden. Aus Deutschland holte man sich die Direktiven. Die Juden fühlten, was früher „Freiheit" hieß, goldene Freiheit. Der arme Jude sollte keine

Ruhe mehr finden, jeden Tag standen andere gehässige Verordnungen in der Zeitung. Man durfte nur zu bestimmter Zeit seine Einkäufe tätigen, der Stadtpark war für Juden verboten, um acht Uhr abends durfte kein Jude mehr auf die Straße. Einer nach dem anderen verlor seine Existenz. Jeden Tag Verhaftungen, die Konzentrationslager überfüllt. Wenn draußen an der Tür geschellt wurde, überfiel uns die Angst vor der Polizei.

So lebte man in Unruhe. Wir kannten das unmenschliche, verbrecherische System von Deutschland her. Man konnte es nicht begreifen, dass diese Teufelsart in der Welt Fuß fassen sollte und jede edle Regung im Menschen erstickte. Ich denke an meinen geliebten Vater, der so empört war, als in meiner Heimatstadt[50] um 1930 eine stark antisemitische Zeitung erschien, an meine liebe Mutter, als in einem kleinen, friedlichen Luftkurort, wo sie seit Jahren Erholung von ihrem arbeitsreichen Leben suchte, bei den Nachbarn eine große Hakenkreuzfahne im Garten gehisst wurde. Bei meinen Eltern hing im Zimmer ein Bild Kaiser Friedrichs mit dem Wahlspruch: „Haben wir nicht alle einen Vater, haben wir nicht alle einen Gott, warum soll Bruder gegen Bruder untreu sein?“ In dieser Zeit waren den Juden auch z. T. Ämter versperrt. Sie wendeten sich zwangsläufig dem Handel zu, indem sie Bedeutendes leisteten. Im Mittelalter war der Jude wegen seines Religionsbekenntnisses verfolgt, er verneinte Jesus als Gott. Viele Christen hielten ihn

50) Osnabrück; Eltern: Bernhard Steinfeld (1858 – 1931 Osnabrück), Friederike Steinfeld geb. Cohen (1863 – 1935 Jever).

für unseren Messias. Durch die Gesetzgebung des Mose haben die Juden der Welt die größte Ethik gegeben. Im 20. Jahrhundert, im Zeitalter der so genannten höchsten Kulturstufe, warf ein Teil der Deutschen jede edle Regung ab und erhob Lug, Trug und Schande zu seinem Wappen. Die neueste Bestimmung wurde bekannt gemacht: Der Judenstern musste getragen werden. Ein gelber Stern, schwarz umrändert, in der Mitte stand „Jude", an der linken Seite des Kleidungsstückes angeheftet. Er war als Schandfleck für uns gedacht, wir trugen ihn als Ehrenzeichen. Für uns war es der Magen David[51], unser Wappen, das Wappen Israels. Wenn wir in Holland über die Straßen gingen, zogen wildfremde Menschen den Hut vor unserem Stern. Das Interesse, die Sympathie für uns war so weit gediehen, dass sich unsere Feinde gegen die gesetzlichen Strafmaßnahmen erhoben. Zum Teil liefen die Studenten mit angesteckten, großen gelben Blumen usw. Viele sagten, die Juden sind bevorzugt, sie dürfen „Orange"[52] tragen – was den Holländern streng verboten war.

Broschüren, Lektüren, Vorträge wurden zu lügnerischen Wahrheiten geboren, dann als feststehende Tatsachen unter das Volk gebracht. Unüberlegte Menschen glaubten daran. Die Jugend wurde gleich der Hitlerjugend in Uniformen gesteckt, das imponierte vielen. Es ist kein Wunder, dass dieses neue System größere Kreise

51) Wörtlich Schild Davids; gemeint ist der Davidsstern; der gelbe Judenstern wurde in den Niederlanden am 29. April 1942 per Erlass eingeführt.

52) Orange, die niederländische Nationalfarbe.

nach sich zog, wie Wellen, die immer mehr Dimensionen annehmen. Wie alles Neue, so reizte dieses Menschen, die nicht gefestigt im Sattel saßen. Ihr Ehrgeiz suchte Stellungen zu erreichen. Früher in ihrer Existenz enttäuscht, erhofften sie jetzt Beförderungen oder materiellen Vorteil. Das Volk wurde unruhiger. Gute Christen, die für Juden eintraten, bestrafte man schwer. Holländer, die sich nicht zur Partei bekannten, wurden mit Misstrauen behandelt. Jüdische Jünglinge wurden aus ihren Häusern heraus verhaftet, sie fühlten sich nicht mehr sicher im Hause. Ganze Familien schickte man in die Camps, einem ungewissen Schicksal entgegen. Häuser, Möbel, alles wurde beschlagnahmt, die Geschäfte wurden von Parteileuten weitergeführt – das heißt, nach und nach enteignet. Oft habe ich mich noch über den Optimismus der Juden gewundert. An Werten lag ihnen schon nichts mehr: „Wenn nur unsere Familien nicht auseinandergerissen werden!" Auch Juden, die Holland als Durchgangsland zur Weiterwanderung betrachteten, kamen teilweise in Camps. Wir konnten wegen unserer Aufenthaltserlaubnis bei unseren Kindern leben. Ich erinnere mich: Ich ging im Halbdunkel mit der Mutter meines Schwiegersohnes über die Straße, es war viel Wagenverkehr. Wir beide blieben stehen, die Wagen eben vorüberfahren zu lassen. Ein hoher deutscher Offizier kommt zu uns: „Gestatten Sie, dürfte ich die Damen herüberbringen?" Er hakte sogar Frau Löwenberg ein und führt uns sicher über die Straße. Er hat uns nicht als Jüdinnen erkannt. Gern hätten wir auf diese Aufmerksamkeit verzichtet.

Die holländischen Juden liebten ihr Königshaus aus tiefstem Herzen. Die verstorbene Königin Emma war der Liebling, auch die jetzige Königin und Julianchen mit den Prinzessinnen. Prinz Bernhard hat sich auch im Sturm alle Herzen gewonnen.[53] Das Herrscherhaus besuchte jüdische Krankenhäuser, Synagogen, jüdische Veranstaltungen usw. Die holländischen Juden lebten in herrlicher Freiheit. Sie bekleideten alle Berufe wie ihre Mitbürger, sie waren gleichberechtigt in vollstem Sinne. Wie friedlich lag das Ländchen vor uns mit seinen malerischen Grachten! Wie schön waren die Farben des Lichts! Wie geschäftig ist das Treiben des holländischen Lebens: Fischhandel, Gemüseanbau usw.! Die Blumenkultur steht auf höchster Stufe. Wie schön sind die alten holländischen Trachten! Wie gemütlich ist das Familienleben. Geht man an den sauber geputzten, hübschen holländischen Häuschen vorbei, kann man frei in die Zimmer sehen. Das tägliche Leben spielt sich viel im eigenen Heim ab. Schön ist das Land des Rembrandt und van Gogh.

An der Tür schellte es. Ein Herr wollte meinen Schwiegersohn privat sprechen. Er stellte sich vor als Vertrauensmann der Juden, er selbst war holländischer Christ. „Ich will Ihnen die Gefälligkeit erweisen und aus Deutschland für Sie Geld holen." Wir alle sahen uns an, wir waren sehr erstaunt. Mein Schwiegersohn fragte: „Wie kommen

53) Emma von Waldeck und Pyrmont (1854 – 1934) war als Ehefrau von Wilhelm III. (1817 – 1890) Königin der Niederlande und trug als „Königin-Mutter" durch ihr volkstümliches Benehmen zum Erhalt der konstitutionellen Monarchie bei. Der Deutsche Bernhard Prinz zur Lippe-Biesterfeld (1911 – 2004) heiratete 1937 die spätere Königin Juliana; vgl. auch Fußnote 45.

Sie dazu?“ – „Ich nehme an, Sie haben noch Geld drüben und ich will Ihnen helfen.“ – „Ich erkläre Ihnen, dass wir kein Geld mehr in Deutschland haben. Die ganze Handlung ist auch sehr strafbar.“ Verdutzt und sehr enttäuscht verabschiedete sich der Mann. Nach Verlauf einiger Zeit – wir beabsichtigten gerade, Mittag zu essen – läutete die Haustür. Frau Dods öffnete die Tür, entsetzt kam sie angerannt. „Ich glaube, es ist die Polizei und will Sie, Herr Löwenberg, sprechen.“ Mein Schwiegersohn ging ihnen entgegen, es war ein langer Korridor. Dann führte er sie in sein Sprechzimmer, das neben dem Wohnzimmer lag. Wir hörten ein lautes, unangenehmes Stimmengewirr. Es war die Gestapo. Dann öffnet mein Schwiegersohn die Tür zum Wohnraum, sah uns totenblass an, sagte: „Ich werde abgeführt. Die Gestapo behauptet, ich hätte Geld von Deutschland nach Holland verschoben, laut Zuwiderhandlung des Devisengesetzes.“ Meine Tochter stellte sich vor die Leute hin, sie war außer sich, es war, als wenn das zierliche Persönchen wuchs. „Wie kommen Sie dazu, diese Unwahrheit zu behaupten? Wir haben überhaupt kein Geld mehr. Mein Mann ist unschuldig.“ Ihre Beteuerungen waren herzzerreißend. „Wenn Sie hier noch lange Szenen machen, nehmen wir Sie auch noch mit.“

Dann gingen die Männer fort, mit ihnen abgeführt der Mann meiner Tochter, das Liebste, was sie besaß. Die Mutter meines Schwiegersohnes war krank und es kostete mich viel Aufregung, ihr die Verhaftung vorsichtig klar zu machen. In der Gemeinde wurde dieser Fall sehr betrauert. Mein Schwiegersohn war ein beliebter Arzt. Der

■ 13: Die Hochzeit von Käthe Gröschler und Alfred Löwenberg in Groningen am 24. März 1938, zu der auch Änne und Hermann Gröschler aus Jever anreisten.

Rabbiner, seine Kollegen, Freunde unternahmen Schritte der Befreiung für ihn. Als er in seiner Zelle war, hat er selbst noch mal alles durchdacht. Er konnte bei seiner Verteidigungsrede seine Unschuld klar beweisen. Ein Wunder geschah: Er ist frei gesprochen! Wir alle hatten es nicht geglaubt. Ein glücklicher Stern hat ihn geleitet. Als er frei war und in sein Heim zurückkam, war alles voller Blumen. Jeder freute sich mit ihm und uns allen, es waren so viele Sympathiebezeugungen. Wie glücklich konnte man auch sein! Der Urheber der Verhaftung war der Mann, der uns damals bat, Geld von Deutschland für uns zu holen. Er hat meinen Schwiegersohn bei der Gestapo verleumdet, die natürlich mit größter Genugtuung das Schlechteste von den Juden glaubte, selbst wenn es frisierte Unwahrheiten waren. Dieser Mann hat viele Juden ruiniert.

Der Zustand wurde immer unerträglicher. Viele Juden unternahmen Fluchtversuche. Durch Verbot der Praxis für christliche Patienten war die Existenz sehr geschmälert. Viele versuchten trotz der Unfreiheit immer noch Gutes aus allem herauszufinden. Das Leben unter den Juden wurde mehr auf Gegenseitigkeit eingestellt. Im kleinsten Kreis hielt man Vorlesungen, dass die Seele nicht verkümmerte, man musste sich irgendwie entspannen.

[Rückblende auf den 24. März 1938]

Eine schöne Erinnerung ist für mich die Hochzeit unserer Kinder Käthe und Alfred in Groningen. Die Schwiegermutter meiner Tochter, Mutter Dini, hatte liebe Verwandte und Freunde eingeladen. Unsere Tochter Trude kam zu dieser Zeit noch von England nach Holland, während unser Sohn Walter und meine lieben Geschwister in Palästina lebten.[54] Das Brautpaar stand fertig. Wir stiegen nach und nach in die draußen stehenden Wagen, dann fuhren wir zum Stadthaus, in dem der freundliche Beamte uns in Empfang nahm. Seine Gattin wie viele andere wohnten der Trauung bei. Er sprach hübsch und gefühlvoll, zitierte Goethe und wir waren sehr gerührt. Im feierlichsten Moment setzte sich mein Schwiegersohn auf seinen Zylinder, ein kleines Gelächter. Nachdem diese Trauung vollzogen war, fuhren wir vom Stadthaus, vor dem eine große Menge angesammelt war, in die Synagoge, wo Rabbiner Dasberg[55] der Trauung durch seine gefühlvolle Rede die echte Feierlichkeit verlieh. Auch dort waren viele Menschen, das junge Paar und uns zu beglückwünschen. Draußen warteten die Wagen, das Brautpaar stieg ein und dann wir alle. Wir fuhren noch durch die schöne Stadt, dann hielten wir vor unserem Hotel. Der uns befreundete Wirt nahm uns in Empfang, die Hochzeitstafel war bezaubernd gedeckt – noch aus

54) Gertrud Gröschler-Haas (1917 Osnabrück – 2000 London), Walter Gröschler (1922 Jever - 2017 Vancouver), Dr. Fritz Steinfeld (1900 Osnabrück – 1950 Jerusalem); „liebe Geschwister" meint den Bruder Fritz Steinfeld und seine Ehefrau Sonja geb. Taubes in Jerusalem, bei denen Änne Gröschler nach ihrer Rettung lebte.

55) Simon Dasberg (1902 Dordrecht – 1945 Bergen-Belsen), seit 1932 Oberrabbiner der Provinz Groningen, 1942/43 Vertreter des deportierten Oberrabbiners von Amsterdam; Dasberg wurde mit seiner Familie am 29. Sept. 1943 in Westerbork inhaftiert und am 11. Jan. 1944 von dort nach Bergen-Belsen verlegt.

früheren Beständen einer gut situierten Familie: kostbare Decken, schönes Silber, Kristall, die schönsten Blumenarrangements. Den bräutlichen Myrtenkranz hatte ich schon von Deutschland mitgebracht. Bei der Zollrevision sagte ein junger Zollbeamter damals zu mir: „Oh, wie schön!“ Gutes Essen, hübsche Vorträge erhöhten die Stimmung, wenngleich auch die liebsten Familien fehlten. Das Geschick hatte uns zu weit auseinander geführt.

3. Groningen 1942/43
Untertauchen, Verrat und Gefängnis

Im Briefkasten liegt Post: ein Stellungsbefehl für meinen Schwiegersohn fürs deutsche Camp, schon in zwei Tagen anzutreten. Der Mann war kopflos, verzweifelt. Sein Vater hatte 1914 für Deutschland gekämpft, war verschüttet, 18 Jahre gelähmt, endlich ist er seinem tragischen Leiden erlegen. Mein Schwiegersohn war mit seiner Mutter nach Holland ausgewandert und er hat noch einmal studiert. Nach Erkämpfung einer kleinen Existenzbasis im freien Lande, das es für ihn schon nicht mehr war, kam diese Hiobsbotschaft hinzu. Was soll nur werden? Er ließe seine Frau zurück, seine Mutter lebte im Hause, mein Mann und ich. Wie wird die Zukunft sein? Wo ist etwas Licht in der Finsternis? Es ist ein schwerer Schlag. Er hat sich dem deutschen Befehl entzogen – seitdem ist er mit meiner Tochter spurlos verschwunden. Wo mögen sie sein? Ich gebe die Hoffnung nicht auf, sie wiederzusehen. Sind sie in Polen? Sind sie in England? Leben sie noch? Die Mutter meines Schwiegersohns ist untergetaucht. Eine christliche Familie hat sie liebevoll zu ihrem Schutz aufgenommen.

Mein Mann und ich fassten auch den Plan, das Haus zu verlassen. Eigentlich war ich die Urheberin, mein Mann wäre lieber im Hause geblieben. Die Frauen haben nun mal einen starken Willen und so gewann ich meinen Mann für unseren Plan. Ich fürchtete für uns das Camp. Ein Vertrauensmann besorgte für uns ein Unterkommen bei Christen. Das Haus überließen wir seinem Schicksal.

■ 14: Das Ehepaar Booisma, das Änne und Herman Gröschler in ihrem Haus am Bloemsingel in Groningen versteckt hatte, bis sie entdeckt wurden; Foto um 1960.

Unser Vertrauter führte uns über die Straße. Es war vielleicht drei viertel acht, um acht Uhr durften wir nicht mehr auf der Straße sein. Er ging voran, denn Christen durften nicht mit uns zusammengehen, wir ein Stück hinterher. Als wir ein Stück Weg hinter uns hatten, bog unser Mann um die Ecke, wir dann auch, und wir standen vor einem kleinen Häuschen, einem sauberen Arbeiterhaus.[56]

56) Das Versteck befand sich beim Ehepaar Booisma am Bloemsingel nördlich der Groninger Innenstadt.

Wir gingen eine Treppe hoch, dann standen wir in einem netten kleinen Zimmer neben einer winzigen Küche. Der Mann begrüßte uns in seiner stillen Art, seine Frau war mit den Kindern verreist. Noch eine Treppe höher, es war der Boden, lag ein kleines Dachzimmer mit zwei Fensterchen, einem Tisch und zwei Stühlen. In der Wand war eine kleine Tapetentür. Ging man dort gebückt hinein, sah man einen dunklen, schmalen Gang, im Notfall auch als Versteck dienend. Gegenüber dem Zimmerchen war unser Schlafzimmer mit großem Bett und Waschtisch. Das Klosett mussten wir unten benutzen. Unser Vertrauensmann brachte noch einige unserer Sachen. Ich war zufrieden, doch mein Mann bat mich vom Himmel zur Erde, mit ihm zurückzukehren in unser altes Haus. Als wir im Bett lagen, quälte er noch. Er war unglücklich, doch ich glaubte uns beide geborgen und so blieben wir. Mein Mann gewöhnte sich dann auch daran.

Nach einigen Tagen kam die Frau mit ihren Kindern, zwei niedlichen kleinen Mädchen von zwei und fünf Jahren. Erst war sie sehr nett, doch später war ihre brutale Art oft nicht zu ertragen, wir haben darunter sehr gelitten. Der Mann war angenehmer. Sie sprach stets von ihrer „Güte" gegen uns. Wir wussten, dass es etwas Besonderes war, dass sie uns aufgenommen hatten. Ihre Behandlung machte uns oft stutzig und misstrauisch. Ich schälte mal Kartoffeln für sie, mein Mann half auch wohl, dann lehnte sie es wieder ab. Ich ordnete mal Zimmer, machte mal eine Kleinigkeit. Wollte ich für uns oben etwas durchwaschen, gab sie mir kein

Gefäß. Wasser holte ich von unten aus der Küche. Ich habe mich dann sehr beholfen. Vor den Küchenfenstern waren kleine Gardinchen. Waren sie offen, machte ich sie zu, da wir auf dem Weg zur Toilette an den Fenstern vorbeigingen. Das verbat sie mir sehr energisch. Mein Mann vertraute ihr nicht. Dass wir bezahlten, war selbstverständlich. Das Essen war bescheiden, sonntags etwas besser. Wir schlichen durchs Haus wie die Katzen, man durfte uns doch nicht hören. Wenn es schellte, waren wir sehr vorsichtig. Wenn unser Vertrauensmann kam, klapperte er unten am Briefkasten. Trotzdem waren wir oft ängstlich. Der Mann arbeitete, die Frau ging mit den Kindern fort, so blieben wir oft allein. Die Kinder waren lieb mit uns, sie kamen gern auf unser Zimmerchen und nannten uns Tante und Onkel.

Der Mann, der uns in diese Wohnung gebracht hatte, den wir für goldehrlich gehalten hatten, hat uns bitter enttäuscht. Den Inhalt unserer Koffer hat er zum Teil für sich behalten. Er hat unsere Lage sehr ausgenützt. Er wusste stets so nett und glaubwürdig zu erzählen. Ich glaube, er vertrat den Standpunkt, besser situierten Leuten ruhig etwas abnehmen zu können. Meine Überschuhe brachte er mir eines Tages. Er erzählte, sie hätten seiner Frau nicht gepasst. Mein Mann und ich mussten darüber lachen. Fast täglich besuchte uns ein prachtvoller Mann, der Schwiegermutter meiner Tochter hat er ein gutes Unterkommen gewährt. Seine Natur war optimistisch und er heiterte uns stets auf. Seltener kam ein anderer liebevoller Herr zu uns, der warmes Interesse für uns hegte. Wir überlegten, bei Gelegenheit ein anderes Zuhause für uns zu finden.

An einem Morgen klopfte die Frau an unsere Tür: „Ich muss für 14 Tage eine Wochenpflege übernehmen, leihen Sie mir Ihre Schürze?“ Ich gab ihr sofort meine Schürze. Einerseits sorgte sie wohl etwas, andererseits überließ sie uns unserem Schicksal. Freitagabend saß der Mann so auffallend besorgt in Gedanken. Ich fragte ihn: „Was haben Sie nur?“ – „Oh, nichts.“ Sonnabend gingen sie mit ihren Kindern fast immer fort. Samstag ließen sie das kleine Zweijährige zum ersten Mal bei uns. Als mein lieber Mann, das Kind und ich nichts ahnend im Zimmer saßen, stürzte unser Zimmerwirt in unser Kämmerchen, schrie: „Verrat, Verrat, die Polizei kommt mir nach.“ Ich gab ihm das Kind. Zuerst wollte ich noch schnell hinunter auf die Straße laufen. Ich hatte nur Pantoffeln an. Draußen regnete es und für meinen lieben Mann war es auch nichts. Wir waren so erregt, hatten keine Zeit für Selbstbesinnung, liefen durch die kleine Tapetentür gebückt den dunklen Gang entlang. Einige verdächtige, uns gehörende Gegenstände hat uns der Mann auf unsere Veranlassung noch schnell nachgeworfen. Plötzlich hören wir unten die Polizei, sie durchsuchte das ganze Haus. Wir waren wie erstarrt, unsere Herzen wagten kaum zu atmen. Dann standen sie im Zimmer und kehrten nach unten zurück. Doch, oh Schreck, sie kamen wieder, mit dem Zimmerwirt. „Mensch, wo hast du nur die Leute versteckt?“ Die kleine Tapetentür wurde geöffnet. Ich weiß nicht, ob der Mann sie auf Druck der

Polizei öffnete oder ob die Polizei selbst die Tür gefunden hat. Ich höre nur den schrillen Ton: „Machen Sie, dass Sie rauskommen!" Ich war wie gelähmt. Mein Mann kroch als erster aus dem fürchterlichen Schneckenhaus heraus. Ich blieb erst zurück. Mein Mann rief: „Änne, komm nur, Mann und Frau gehören zusammen!" Er hatte recht. Was wäre sonst aus mir geworden? Der Polizist tat sehr verwundert, uns zu sehen. „Wir haben Kommunisten gesucht. Diese Leute hatten eine Zeit einen Kommunisten versteckt." Ein schriller Pfiff und die ganze Polizei war im Augenblick im Hause. Mir selbst erschien das alles wie vorbereitet, obgleich ich noch sah, dass auch unser Arbeiter mitgenommen wurde. Dann kam unsere Frau heim, ich fand sie gar nicht so unglücklich. Hoffentlich sind meine Empfindungen gegen sie unberechtigt. Spielte unser erster Vertrauensmann, der uns so enttäuscht hatte, in unserer traurigen Lage eine dunkle Rolle?[57] Ich nehme an, dass unser Hauswirt von der Polizei bald entlassen wurde, im anderen Falle wäre es mir ein furchtbarer Gedanke. Dann möge man mir mein früheres Misstrauen verzeihen. Ich konnte mich nicht aufraffen, mit der Polizei zu gehen. „Ich will nicht nach Polen!" schrie ich in einer letzten Verzweiflung. Was kann ein armes jüdisches Menschenkind gegen die Gewalt dieser holländischen Nazi-Polizei? – „Ziehen Sie sich an!" Mein lieber Mann und ich wurden abgeführt. Als wir auf der Straße

57) Der Sachverhalt konnte bei den polizeilichen Untersuchungen nach dem Krieg in Groningen nicht aufgeklärt werden. Nach dem Krieg pflegte Änne Gröschler ein freundschaftliches Verhältnis zum Ehepaar Booisma.

waren, radelte ein lieber Freund an uns vorbei. Wehmütig sah er uns in den Händen der Polizei. Wir kamen zunächst beide ins Gefängnis. Die Schwiegermutter meiner Tochter hörte von unserem Unglück, sie ist aus ihrem Versteck geflüchtet und hat einige Abende im Waldhäuschen übernachtet. Hoffentlich hat sie ein anderes Zuhause gefunden. Sie und ihre braven Leute waren gefährdet, da ihr Hauswirt oft zu uns gekommen war.

Im Gefängnis wurde ich ganz kurz verhört. Dann brachte man mich in eine Art Frauengefängnis, Sachen bekam ich nicht mit. Ein Polizist brachte mich dort hin. Wir waren da, eine Polizistin läutete. Eine Frau im schwarzen Kleid öffnete mit einer weißen Schürze. Ich war erst überrascht beim Anblick dieser Frau, dann führte man mich in ein kleines Zimmer. Eine Schwester sprach einige Worte mit mir, dann nahm sie mich mit. Eine Tür wurde aufgeschlossen, ich ging hinein und sah dort einige junge Mädchen, wilde Mädchen, die von Hause fortgelaufen waren, eine Christin, die mit einem Juden getraut war, und verschiedene Frauen, die in jüdische Fälle verwickelt waren. Die Schwester ging fort und schloss das Gefängniszimmer hinter sich ab. Mitten im Zimmer war ein Tisch mit Zeitschriften, an den Seiten stand für jede ein Bett. Eine kleine Waschkommode gab uns Gelegenheit zum Waschen. Neben dem Waschtisch stand ein Klosett, ein großer eckiger Kasten mit Eimer. Unsere Mahlzeiten bekamen wir zugeteilt, sie waren sehr einfach und wir hätten mehr essen können. Das eine der jungen Mädchen litt sehr unter Einbüßung der Freiheit. Sie stellte einmal die ganzen Möbel auf den Kopf, sie musste Bewegung haben. Oh weh, wenn die Wärterin gerade gekommen wäre! Wir Gefangenen waren aus verschiedenen Gesellschaftsklassen, aber dort im Gefängnis fühlten wir uns gleich. Wir hatten unseren Gedankenaustausch. Erstaunt war ich, dass ich auch in diesem kleinen Kreis für unsere Juden kämpfen musste. Das junge Mädchen erzählte mir, sie sei bei Juden in Stellung gewesen. Nie hätte sie es so gut gehabt. Die Dame schenkte ihr selbstgehäkelte Krägelchen usw. Später kam eine Dame zu uns, die in eine jüdische Sache verwickelt war. Natürlich war die Frau sehr unglücklich. Sie begann nun aber im Allgemeinen auf die Juden zu schimpfen. Leider fand sie in unserem Kreis Gleichgesinnte. Besonders wunderte ich mich über das Mädchen, das vorher von ihrer jüdischen Herrin so gut gesprochen hatte. Ich bemühte mich dann, meine Leidensgefährten anders zu überzeugen. Die Leiterin des Gefängnisses besuchte uns fast täglich. Sie hörte sich von jedem das Schicksal an. Einmal durften wir im schönen Garten spazieren gehen. Die Direktorin ging mit mir, sie war reizend, ich hatte den Eindruck einer vornehmen Dame. Sie hatte volles Verständnis für uns. Unsere Schwester war eine Deutsche, eine sehr hübsche Person. Sie erzählte uns, als ihre Kolleginnen durch Russland gefahren seien, hätten sie ihre Schwesterntracht gegen andere Kleidung eingetauscht, ihrer persönlichen Sicherheit wegen. Ich hatte das Empfinden, dass sie sehr für Deutschland fühlte. An einem Nachmittag brachte mir eine Freundin meiner Tochter ein Schälchen mit Obst, ich war ganz gerührt. Einen Moment durfte ich die Dame vorne im Zimmer sprechen. Wir haben diese Kostbarkeit zusammen verzehrt. Wenn unser Raum von anderen Gefängnisinsassen gründlich gesäubert wurde, durften wir uns vorne im Zimmer aufhalten.

An einem Vormittag wurde ich von der Polizei zum Verhör abgeführt. Ich ging wieder über die Straße. Ich kam in ein richtiges Nazibüro und musste warten. Dann sagte der Beamte: „Setzen Sie sich! Sie haben die volle Wahrheit zu bekennen. Wo sind Ihre Kinder?“ – „Das weiß ich nicht.“ – „Haben Ihre Kinder nie davon gesprochen fortzugehen?“ – „Ja, früher wollte mein Schwiegersohn mal nach England flüchten. In letzter Zeit ist niemals darüber gesprochen worden.“ – „Haben Sie in Ihrem Versteck Besuch empfangen? Sagen Sie die Wahrheit!“ – „Nein.“ – „Warum sind Sie fortgegangen?“ – „Ich bin die Veranlassung gewesen. Ich wollte aus dem Hause, ich hatte diese Angst vor der Deportation nach Polen. Mein Mann wäre zuhause geblieben, ich habe ihn dazu überredet.“ Er fragte noch vieles über meinen Schwiegersohn: „Hat Ihr Schwiegersohn Ihnen Ihr Unterkommen besorgt? – „Ja.“ – Noch viele Fragen, er stellte das Protokoll zusammen und ich hatte das Gefühl, als wenn er darin meinen Schwiegersohn als den Hauptschuldigen belastete. Ich sagte ihm, dass er besonders gut zu uns gewesen sei. Es sprach für uns, dass wir einen geordneten Pass hatten. Ich sehe immer noch den Siegelring mit dem Totenkopf an der Hand des Protokollführers. Einmal seufzte ich und sagte: „Wie schwer ist es in dieser Zeit, als Jude durch die Welt zu kommen.“ – „Ja,“ sagte er, „das Leben ist kein Lollerchen.“ Ich war fertig. Er half mir in den Mantel, den ich vorher abgelegt hatte. Ich war erstaunt über diese Höflichkeit. Dann brachte mich die Polizei wieder zurück ins Frauengefängnis.

Nach einigen Tagen hatte ich mich bereitzuhalten. Ich wurde von der Polizei ins Stadtgefängnis zurückgebracht, dort traf ich mit meinem lieben Mann zusammen. Wir sahen uns, sahen beide etwas ramponiert aus. Mein Haar hatte ich seit Monaten nicht schneiden lassen können. Es war mir auch ganz gleich. Wie freuten wir uns miteinander! Auch er war verhört worden und hat dasselbe ausgesagt. „Bist du da?“ Wir fragten es gegenseitig. Nur die Angst war in mir. Was soll nur aus uns werden? Ich war nur unten im Gefängnis. Ich sah, wie ein Gefangener durch ein kleines Guckloch sah. Und dann gehe ich weiter und sehe unseren edlen Freund in Fesseln. Dieser prächtige Mensch, der nur aus Liebe von Mensch zu Mensch Juden in der Not geholfen hat, um seiner Einstellung zur Gerechtigkeit willen. „Nein!“ schrie meine Seele. Lässt Gott so etwas zu? In Fesseln! Mein Mann durfte nicht mit ihm sprechen, ich auch nicht. Furchtbar! Aber er sah unser Mitgefühl. Ob er noch leben wird? Gott möge es geben, dass dieser Mann noch einmal in Freiheit atmen kann! Wie oft hat er uns in unserem „Versteck“ getröstet, wie viel Gutes haben wir von ihm erfahren! Er brachte Bücher zum Lesen, einfache, nette Liebesgeschichten. Er besorgte mir Obst oder sonst mal etwas. Er war stets für andere da. Er holte uns in der Dunkelheit ab und brachte uns in sein Haus. Dort verwöhnte er uns mit den schönsten Dingen, das war für meinen Mann und mich Feiertag. Dort trafen wir mit der Schwiegermutter meiner Tochter zusammen. Trotz der schönen Unterbrechung unserer Einsamkeit waren wir beide aber froh, wenn wir dann wieder zuhause waren.

Mein Mann nahm an, dass wir nun ins deutsch-holländische Camp Westerburg geschickt werden würden. Einen Teil unserer Sachen sah ich schon liegen. Eine schöne, gelbseidene Daunendecke, die wir noch bei unserem letzten freiwilligen Aufenthalt besorgt bekamen. Eine Enttäuschung! Unter Polizeibewachung brachte man uns in das Haus der Bewahrung[58]. Wir standen unten und warteten. Was wird nur weiter, kommen wir in ein Konzentrationslager? Zum ersten Mal kam mir der Gedanke: Sollte es nicht besser sein, aus dem Leben zu gehen? Aber wie? Es ist nicht so leicht, sich das Leben zu nehmen unter diesen Verhältnissen, wir waren auch beide zu vernünftig. Dann gingen wir ins Büro. Wie freundlich kam man uns entgegen! Oh, das sind holländische Beamte, die im Herzen Anti-Hitler waren! Wir mussten unsere Wertgegenstände abgeben: Uhren, Ringe, etwas Geld usw. Wir wurden getrennt, ich bin nach oben geführt worden, mein noch verbliebenes Gepäck mit mir. Ich durfte jedoch nicht dabeigehen. Hatte ich etwas nötig, nahm die Gefängniswärterin es heraus. Ich kam in ein Bad, mein Haar wurde auch gewaschen. Meine aus-

58) Untersuchungsgefängnis

gezogene Wäsche und auch die anderen Sachen wurden nach Devisen untersucht. Meine schmutzige Wäsche wusch man dort für uns. Nun war ich gesäubert und stand fertig da. Das Bad nach der strapaziösen Zeit hat mir wohlgetan.

Die Gefängnisaufseherin führte mich in die Zelle, sie ging wieder hinaus und schloss hinter mir ab. Was sah ich? Eine christliche Dame als meine Leidensgefährtin, die Frau eines Arztes. Ihr Mann war verschwunden und sie wusste nichts über den Verbleib ihres Mannes. Die Frau eines Polizeiinspektors, die verdächtigt wurde, Juden geholfen zu haben, eine jüdische Fabrikantenfrau, die versteckt gewesen war: Die besten Menschen saßen hinter Schloss und Riegel! Politische Gefangene! Sie bestürmten mich alle, jeder wollte von meinem Schicksal wissen. Wir freundeten uns gegenseitig an, man war entzückend zu mir, trotz ihres eigenen Unglücks trösteten sie mich. Sie wussten, dass allein „Jude sein" in diesem Staat ein großes Verbrechen war und dass die Freiheit für die andere Jüdin und mich sehr fern lag. Diese Zelle war geteilt. Mehrere Betten lagen hinter Gittern, diese waren in Richtung Wand zu. Vorne in der Zelle standen an den Seiten Betten, in der Mitte war ein langer Tisch mit acht Stühlen herum, in der Ecke stand ein Eimer für Bedürfnisse. Auf dem Tisch lagen Schriften zu lesen: Bibel usw. Es gab auch Spiele: Mühle, Schach. Bei Tage durfte man nicht schlafen. Waren wir mittags müde, legten wir wohl heimlich unseren Kopf auf die Arme. Hörten wir die Schlüssel, hoben wir sofort den Kopf hoch. Ich konnte so nicht schlafen, wir passten gegenseitig auf. Das Essen war einfach: morgens Kaffee und Brot, mittags Gemüse, abends Kaffee und Brot. Ich hatte zuerst als Neuling keinen Brotaufstrich, man erhielt ihn nur an bestimmten Tagen. Die Damen gaben mir Zucker, etwas Butter und Fischpaste ab. Fischpaste konnte man kaufen, unser Geld hatten wir doch abgeben müssen ... Nach dem Essen sah ich mir die Essschale mal genau an. Da stand groß darunter gekritzelt „Hunger“. Wie viele Unglückliche haben da schon gelitten! Morgens machten wir die Zelle blitzsauber: Betten machen, aufnehmen, Staub wischen. Wenn wir fertig waren, las eine der Damen ein Stück aus dem Alten Testament vor. Nach dem Kaffee bekamen wir Couverts gebracht, wir falteten sie ein, dadurch verdiente man sich etwas. Die Wärterin schloss auf, wir zogen unseren Mantel an und gingen im Gefängnishof spazieren. Wie köstlich war die frische Luft! Eine Stunde durften wir bleiben. Die Passage war nicht groß, wir liefen x-mal hin und her. Unsere Gedanken und Gespräche blieben stets bei unserem Schicksal, wir sehnten uns alle nach Freiheit. Die gütigen Menschen um mich erleichterten mir alles. Sie erzählten auch von ihren Kindern, von ihrem Heim, vom Leben im Allgemeinen usw. Die jüdische Dame berichtete, wie sie sich einer Familie angeschlossen habe und wie sie ihr liebevoll entgegen gekommen sind. Sie vertraute ihnen und erzählte manches. Diese „Freunde“ haben sich als Spione entpuppt, ihren eigenen Sohn steuerte sie dadurch ins Unglück. Er war so vielen Juden

Berater und Helfer. Die Zeit war um, wir mussten zurück in unsere Zelle, das Leben ging weiter. Einen Tag später: „Frau Polizeiinspektor! Sie sind entlassen, Sie sind frei." Dieses strahlende Gesicht! Zwei Tage nach dem: „Frau Dr. Arminius, Sie sind frei." Wie glücklich war sie. Und wir Juden, was wird aus uns? Die Männer lebten nun in gleicher Weise, als wir ganz voneinander getrennt waren. Und dann kam die Reihe an uns: „Frau Mandel und Frau Gröschler, Sie kommen weiter nach dem Camp Westerburg."

4. Kamp Westerbork
12. November 1942 bis 31. Januar 1944

Diese schwere Zeit hatten wir nun überstanden. Ich empfand es beinahe als Erleichterung, ins Camp zu dürfen, mein Mann und ich sahen uns nun wieder. Er empfand dasselbe wie ich, denn wir beide konnten nicht wissen, ob man nicht mit einem Konzentrationslager rechnen musste. Nun erhielten wir unser Gepäck zurück. Die Beamten im Haus der Bewahrung gaben uns unsere Wertgegenstände – es war nicht viel. Sie waren nett, es waren gut gesinnte Holländer, die selbst unter dem Druck der NSB standen. Mein Mann hatte Hunger, sie besorgten ihm noch ein Schälchen mit Gemüse. Dann verabschiedeten wir uns sehr freundlich voneinander. Draußen stand ein Wagen, noch mehrere Leidensgefährten stiegen mit ein, unser Gepäck hatten wir bei uns. Wir langten am Bahnhof an. Auf dem Perron war großer Betrieb, der Zug nach Westerburg stand da, vollbesetzt mit unglücklichen Juden. Der Rabbiner, mehrere andere jüdische Herren, die Gestapo: Alle liefen herum, die Juden zu befördern. Mein Mann und ich schleppten unser Gepäck in den Zug, dann stiegen wir ein. Da saßen sie alle mit traurigen Gesichtern, arm und reich. Greise und Kinder. Eine uralte Frau konnte nicht mehr auf der Toi-

■ 16: Mehrere dieser Platten, die an den Waggons befestigt waren, sind erhalten geblieben.

lette fertig werden. Ich half ihr dabei. Ein Mann rief vom Zug: „Was mache ich nur? Ich musste meine todkranke Frau zurücklassen!“ Ein Pfiff, der Zug ging ab.

Wir fuhren durch das uns im Beginn so lieb gewordene Holland – und dann Endstation „Westerburg“. „Alles aussteigen!“ Dann standen wir draußen mit unserem Gepäck. In Empfang nahmen uns die „Grünen“, auch Juden, die dem OD angehörten, jüdische Polizei, die den Deutschen untersteht.[59] Wir schleppten unser schweres Gepäck, teils auf dem Rücken. Auf Befehl

59 Die überwiegend aus Deutschen bestehende sog. Grüne Polizei des Polizei-Bataillons 105 bildete die Transportkommandos zum Durchgangslager Westerbork und für die von hier abgehenden Deportationszüge. Während die niederländische Militärpolizei das Lager von außen bewachte, patrouillierte die „Grüne Polizei“ in dem näheren Umkreis. (vgl. Hajakova 21ff., Klemp 220ff.) Der lagerinterne Ordnungsdienst (OD) bestand aus jüdischen Männern: „Der O.D. … (war) in grünen Overalls mit roten Armbinden mit den Buchstaben O.D. gekleidet.“ (Arntz 161)

setzte sich unser Zug in Bewegung, eine Wiederholung der Bilder, wie unsere Vorväter aus Ägypten auszogen. Wir hatten nun alle möglichen Formalitäten zu erledigen, Personalien anzugeben, Abgabe sämtlicher Werte, Geld, Schmuck usw. Wir mussten uns ausziehen, ob wir noch Geld bei uns hatten. Als ich an die Reihe kam, war noch eine Frau mit mir im Zimmer. Sie begriff alles gar nicht. Bei jedem Kleidungsstück, das sie auszog, redete sie: „Ich habe kein Geld bei mir, ich habe kein Geld bei mir." Die Dame, die uns untersuchte, wurde ganz wild. Sie hat die Frau schließlich angeschrien: „Ich habe Jahre bei Juden gearbeitet, so ein Exemplar ist mir noch nicht begegnet." Bei mir ging alles glatt vonstatten. Ein ganz junger Nazi stand am Eingang des Zimmers. Er beobachtete uns, sah uns mit frechem, verächtlichem Blick an und sagte auch lieblose Worte. Meine Tasche wurde auch untersucht. Wie waren wir erstaunt, als wir bei der administrativen Arbeit und anderen Berufszweigen vielen Freunden begegneten! So viele Wege hatten wir abzustehen, gedrängte Reihen standen wartend hintereinander. Zuletzt bekamen wir einen Zettel für die uns zugewiesene Baracke, Freund Joseph führte uns mitten in der Nacht dorthin. Endlich waren wir da, wir hatten jeder ein Barackenbett. Unsere Glieder spürten wir, mein Mann und ich schliefen nebeneinander. Das war am Anfang, später wurden Frauen und Männer getrennt.[60]

60) Im Juli 1943 wohnten beide in Baracke 68 (Auskunft Herinnerungscentrum Kamp Westerbork).

Das Camp war wie ein großes Dorf, tausende Menschen wurden dort konzentriert und laufend weitergeschickt. Alte Campinsassen[61] hatten kleine Häuschen für sich, bewohnten z. T. auch nur ein Zimmer. Das Camp unterstand einem holländischen und einem deutschen Kommandanten. Diesem unterstand ein jüdischer Kommandant. Das Lager wurde von Juden geführt, die die Befehle der Obrigkeit auszuführen hatten[62]. Alle Berufsarten waren vertreten, Arbeiter, die dort die ihnen zugewiesenen Arbeiten ausführen mussten. Wenn die Maler vor den Transporten kamen, alles Gepäck noch einmal zu bepinseln – Name, Geburtsjahr, Wohnort – dann wusste man genug. Tischler, Schuster, Schneider, Schlosser, Elektriker, Lagerreinigung, Klosett-Dienst, Küchenversorgung, Post, Polizeidienst. Überall herrschte die peinlichste Ordnung. Es bestand eine große Wäscherei mit Heißmangeln. Dort waren sehr viele beschäftigt: Wäscheannahme, Kontrolle, Waschheißmangeln, Ausgabe usw. Man hatte die Wäsche mit Nummern zu verzeichnen, nahm seinen Packen, stand reihenweise. Kam man ins Gebäude, hatte man die Wäsche vorzuzeigen und die Nummern zu zeigen. In den Baracken wurde

61) Insassen, die sich schon vor dem administrativen Zugriff der Nationalsozialisten auf Westerbork vor dem 1. Juli 1942 im Camp aufhielten.

62 Lagerkommandant war SS-Obersturmführer Albert Konrad Gemmeker (1907 Düsseldorf – 1982 Düsseldorf). Kurt Schlesinger (1902 Schmalkalden – 1964 USA) war Dienstleiter des Ordnungsdienstes und für die Verwaltung der Häftlingskarteien und die Herstellung der Deportationslisten nach den Vorgaben der SS zuständig. Er ist mit „jüdischer Kommandant" gemeint.

durch Anschlag bekannt gegeben, wann die Wäsche fertig war. Dasselbe Bild wieder, reihenweises Anstehen. Fehlten mal Stücke, erhielt man wohl auch Ersatz, doch der war oft nicht so gut. Eine große Schlosserei, Tischlerwerkstatt, Schuhmacherei. Das Camp war ein kleiner Staat im großen Staat. Die alten Campinsassen waren der Adel, auch Leute mit führenden Posten. Die Unterbeamten, das Volk sozusagen, waren im früheren Leben Höhergestellte, Gelehrte, Akademiker, Fabrikanten usw. gewesen. Man hatte sich den Führern zu fügen. Was sie gewesen waren, war gleich, genau wie beim Militär. Wenngleich wir alle Gefangene waren, so hatte man doch die Leiter zu respektieren. Die Führer hatten eine große Verantwortung.

Viele unserer Bekannten freuten sich, uns wiederzusehen, soweit man von Freude sprechen kann. Jeder fragte: „Haben Sie Papiere, gedient? Eisernes Kreuz Erster Klasse usw.?" Wer keine Zurückstellung in Händen hatte, musste mit dem nächsten Transport nach Polen rechnen.[63] Mein Mann machte auch umgehend eine Einreichung an den Kommandanten. Er habe früher viel für Deutschland gewirkt und wolle hier als erfahrener Fachmann die Abfallverwertung einrichten. Der laufende Antrag schützte vor dem Transport, zweimal in der Woche wurden die Juden deportiert. Dass mein Mann gedient,

63) Die Deportationen von Westerbork begannen am 15. Juli 1942 mit der Verschleppung von 1135 Menschen nach Auschwitz. „Polen" ist für Änne Gröschler synonym für den bevorstehenden Tod. Die Tatsache und das Ausmaß des Massenmordes in den Vernichtungslagern in Polen war ihr nicht bekannt.

mein Bruder 1917 für Deutschland gefallen – den Brief des Hauptmanns, der sehr lobend über die Fähigkeiten meines Bruders gesprochen hatte, legte mein Mann mit ein – hat uns nichts genützt. Viele sind dank ihrer nützlichen Tätigkeit geblieben. Alte Campinsassen standen zum Teil auf der 1000er-Liste.[64] Im Beginn galten rote Stempel am besten, dann gab es blaue Stempel, dann grüne Stempel. Dauernd wurde man in Atem gehalten. Was war sicher? Gute Freunde halfen uns über die erste schwere Zeit hinweg, sie versuchten uns Mut zuzusprechen. Lieben Verwandten haben wir zu danken, dass das Leben etwas erträglich für uns war, sie, die schon seit Jahren von einem Camp zum anderen geschickt worden waren. Holland sollte ihr Durchfahrtsland sein nach Amerika, ihre ganze Habe ist in Rotterdam verbrannt.

Wir waren voller Sorgen – und es bestätigte sich. Nachts wurden unsere Namen aufgerufen, wir standen auf und packten alles zusammen. Gute Freunde halfen uns dabei. Wir zogen uns so dick wie möglich an, alles doppelt: Unterzeug, Kleider, Mäntel – was man besaß. Auf die Toilette zu gehen, war fast unmöglich. Wir schickten an unsere lieben Verwandten, ob sie noch etwas Günstiges für uns unternehmen könnten. Es half nichts, wir standen gepackt. Dann wurde alles aufgerufen, vor die Tür zu gehen, dort wurden wir gesammelt. Dann verabschiedeten wir uns von allen noch einmal.

64) Die sog. Stammliste mit dem Stichtag 14. Juli 1942; daneben gab es noch weitere Listen wie die „Liste der 2000" mit dem roten Stempel „Z".

Der Zug ging unter Begleitung des OD zum Zug. Nun standen wir fertig zum Einsteigen. Ein früherer Geschäftsfreund meines Mannes sieht uns, er spielte im Lager eine wichtige Rolle. „Wie kommen Sie nur hierher? Das ist ein Irrtum! Ich habe Sie dringend hier im Lager

■ 15: Die Deportation nach Auschwitz auf der Rampe des Lagers Westerbork; rechts ist ein Mitglied des jüdischen Sicherheitsdienstes (OD) mit dem weißen Armband zu sehen.

nötig. Warten Sie!" Nach einer Weile kam er zurück, er hatte Rücksprache mit dem Kommandanten gehalten. „Sie sind beide frei!" – „Wir frei?" Ein Druck von der Seele. Wir marschierten voller Freude zur Administration, um von neuem gebucht zu werden. Ein junger Mann half uns, Gepäck zu tragen. Als dieses erledigt war, – noch andere waren mit uns frei und wir mussten erst warten – gingen wir zurück in die Baracke. Dort wurden wir voller Jubel empfangen, umarmt vor Freude. Und doch dachte ich viel an die, die fortgefahren sind.

Es dauerte nicht lange und wir standen wieder auf der Transportliste. Wieder hatten wir alles gepackt. Eine Dame, die neben mir schlief, half mir etwas. Dann bot mir eine andere Dame ihre Hilfe an. Die erste Dame sagte: „Ich helfe Frau Gröschler schon. Wie kommen Sie dazu, ich kenne Frau Gröschler länger als Sie!“ Jedenfalls taten mir in dem Moment die Liebesbezeugungen sehr gut. Endlich war ich dann fertig und ging mit Sack und Pack zu meinem Mann, der in der Männerbaracke war. Auch er war inzwischen gepackt. Wir warteten nur auf Abruf, wir gehörten dieses Mal zum Reservetransport. Dann ging ein Gerücht durch die Baracke, der Zug sei überfüllt. Man glaubte, die Reserve werde noch zurückgehalten. Ein Hoffnungsstrahl! Wir warteten weiter... Mit einem Mal ruft der Barackenleiter: „Die Reserve bleibt zurück.“ Wir taumelten fast vor freudigem Schreck. Ein Zufall? Ein Wunder? Ich konnte mit einer Geschwindigkeit auspacken. Wenn man die Brocken sah, war es nur armselig, doch zum Schleppen viel zu viel. Wir waren frei – dieses Glücksgefühl.

Die furchtbaren Transportnächte, wenn nachts die Namen der Unglücklichen aufgerufen wurden, sind mir unvergesslich. Wie dem Tode geweiht. In diesem Sinne verabschiedete man sich auch. Im Beginn waren zweimal in der Woche Transporte. Oft dachte man: Vielleicht kommt dieses Mal der Zug nicht. Und doch – er kam stets wieder. Am Morgen nach dem Transport war Totenstille. Ich sehe mich noch in meine Küche wandern. Ich hatte einen Umweg zu machen, Unbeteiligte durften nicht an den Zug gehen. Doch ich sah die Menschen am Zuge stehen, zuletzt waren es Güterwagen. Verweinte, verzweifelte Gesichter, aber auch gleichgültige. Ich höre den Pfiff des Zuges, die Unterwelt hat ihre Pforten geöffnet.

Mein lieber Mann und ich haben uns nun durchlaviert, immer wieder etwas anderes versucht, Einreichungen, Stempel zu erlangen usw. Wir ruhten nicht, arbeiteten beide sehr. Der erste Antrag wurde abgewiesen, darauf versuchte mein Mann einen neuen Antrag. So hatte man Ideen, es war ein richtiger Kampf ums Leben. Nun arbeitete mein Mann in der Abfallverwertung, die er nach seinen Erfahrungen eingerichtet hatte. Mit ihm waren Geschäftsbekannte zusammen, die auch in der Branche von früher sehr bedeutend waren.

■ 17: Blick in die Zentralküche von Camp Westerbork. Änne Gröschler hat hier eine Zeit lang gearbeitet.

Ich war im Beginn in der Kartoffelküche, dort waren die Damen mit ihren zarten Händen am Kartoffelschälen. In dem großen Raum arbeiteten hunderte von Frauen. Es wurde später noch mehr Platz gewonnen für diese Arbeit. Der Kartoffelgewaltige hieß Weinberg, eine Respektsperson. Einmal hat er uns mal geuzt, es war am ersten April: „Die Damen erhalten für ihre Arbeit neue Schürzen." Wir überlegten schon, was man sich für eine wählen könnte, und liefen zur Ausgabe. Die Männer lachten uns aus. „Ach, der erste April!" Wir wieder zurück. Ich habe ihm ein kleines Verschen gewidmet, das ich vorlesen musste.

Es gab Aufpasser, Obergruppenleiterin, Gruppenleiterin, Kartoffelausgeberin. Wir hatten auch einzeln zu schälen, soviel Frauen, soviel Wannen. Gemüse wurde geputzt, Steckrüben, Wurzeln usw. Von den Steckrüben und Wurzeln aß man mal ein Stückchen. Es durfte offiziell nichts mitgenommen werden, nicht mal ein oder zwei Wurzeln. Wie überall, da Hunger wehtut, wurde auch dieses Verbot nicht immer eingehalten. An einem Mittag – ich war gerade im Begriff fortzugehen – kommt der eine Aufpasser zu mir: „Zeigen Sie mir Ihre Tasche!" Ich hatte keine Wurzel bei mir. Er war sehr überrascht, ich hörte, wie er zu einem Küchenarbeiter sagte: „Es ist die Verkehrte." Den Sohn dieses Mannes kannte ich gut. Ich habe mich bei ihm über den Vater beschwert. Von da an respektierte er mich anders.

Ein anderes Mal hat der jüdische Kommandant eine Reihe Damen zu sich kommen lassen. Nachdem wir unsere Arbeit absolviert hatten, wurde bekannt gegeben, dass wir abends zum Schälen zurückzukommen hätten.

Leider ist mir nichts davon gewahr geworden. Ein OD kam in die Baracke, verlangte meine Lagerkarte. Ich war sehr aufgeregt, ohne Lagerkarte ist gleich „ohne Pass." Viele Damen standen nun mit mir. Weinberg, die Obergruppenleiterin, meine verwandte Gruppenleiterin usw. waren mit im Saal. Dann kam der jüdische Kommandant, er würdigte uns kaum eines Blickes. Er hielt eine empörte Rede, dass die Damen, die abends nicht zum Schälen zurückgekommen waren, etwas Furchtbares begangen hätten. Er sprach nicht, nein, er schrie, ein Nazi konnte es nicht besser. Man hätte beinahe mit „Transport" rechnen können. Ich ging an ihn heran, mich zu rechtfertigen: Viele Damen außer mir hatten es auch nicht erfahren. Er schenkte mir kein Gehör. Ich war empört. Ein Jude! Unsere Obergruppenleiterin wurde auch nicht angehört. Als Entschuldigung kann ich angeben, dass seine Nerven als alter Campinsasse zu sehr gelitten hatten. Unsere Lagerkarten bekamen wir zurück.

Es stand ein großer Herd in dem Kartoffelraum. Sehr oft brachten Frauen, die in der glücklichen Lage waren, Pakete zu erhalten, etwas zu kochen mit. Dann brodelten die Töpfe lustig auf dem Herd. Mit einen Mal schrie jemand: „Der Kommandant kommt!". Alles runter vom Herd, jeder rannte, sein Töpfchen zu erhaschen. War er wieder fort, wurde weiter gekocht, doch nicht immer, oft war es verboten. Leider hatte ich nicht viel zu kochen, unsere Pakete waren zu spärlich. Der Herd kam später ganz fort, zum Bedauern der Damen.

Unser Barackenbett war unsere Wohnung. Ich dachte, wie Diogenes in der Tonne. Das Bett hatte tadellos aufgebaut zu sein. In Westerburg stand das Gepäck unterm Bett. In der Baracke lag ein großer Waschraum mit vielen Kränen nebeneinander. Man konnte sich sauber halten, trotzdem war man nicht vor Ungeziefer geschützt. Das Klosett im Waschraum durfte nur abends benutzt werden, bei Krankheit ausnahmsweise am Tage. Abends stand man reihenweise, diese Bilder waren schon etwas Gewohntes. Es fragte mich z. B. eine Holländerin: „Sind Sie die letzte?" Ich sagte: „Ja", dann drängte sich gern jemand dazwischen und es gab Krach. In der Baracke war vorne eine kleine Küche, wo Essen ausgegeben wurde, dann in einer Ecke die Administrationstafel, wo der Barackenleiter mit seinen Leuten saß. In manchen Baracken befanden sich auch Hilfsapotheken. Pakete wurden z. T. in den Baracken ausgegeben oder man hatte sie sich von der Post abzuholen. Unsere Betten standen ziemlich eng aneinander, drei Betten übereinander, an den Fenstern Tische und ein langer Tisch mit Bänken. Durch Neuankömmlinge, neue Transporte wechselten oft die Nachbarn, die alten kamen z. T. fort. Manchmal ging ein Transport sehr schnell weiter. Unsere Baracke war manchmal so überfüllt, dass die Leiterin Frauen zusammengelegt hat, oft wurden den Baracken unerwartet Menschen zugewiesen. Einmal schlief ich neben einer Dame, die konservatorische Bildung vermittelte. Voll Stolz erzählte sie mir von ihren berühmten Schülern, die Arme konnte sich gar nicht in ihr Schicksal finden. Leider ist sie mit ihrer Schwester schon lange in Polen.

An einem Morgen sehe ich eine neben mir schlafende Dame unbeweglich ruhig liegen. Ich rufe andere hinzu, wir redeten sie an, keine Antwort. Sie war gestorben, ohne dass es jemand geahnt hatte, die arme Frau hatte ausgelitten. Dann schliefen mal junge Mädchen über mir. Sie mussten noch auf uns absteigen, um Sachen von sich zu holen. Versehentlich bekam ich mal etwas auf den Kopf geworfen, einmal sogar einen Holzschuh. Holzschuhe wurden im Camp getragen, besonders praktisch bei schlechtem Wetter auf dem aufgeweichten Boden. Als Kuriosum sah ich eine Dame mit einem Pelz-Cape – wahrscheinlich hatte sie nichts anderes – und mit Holzschuhen! Früher war sie eine verwöhnte, elegante Dame, hatte schon mal einen missglückten Selbstmordversuch gemacht. Einmal liege ich abends ruhig im Bett, dann spüre ich, dass mein Haar ganz nass wird. „Was ist da oben?“ – „Ach, entschuldigen Sie, der Junge hat den Topf umgeworfen.“ Nachts hörte man kleine, schreiende Kinder, die uns die so nötige Nachtruhe störten. Am Tage waren sie goldig, diese unschuldigen Kinder.

In den Baracken waren Tafeln oder Schilder angebracht für Bekanntmachungen. War z. B. der Name „Granau“ notiert, erkundigte sich der Mann an der Administratie-Tafel beim Barackenleiter. Schuhe, Anzugreparaturen wurden angenommen, nur das Nötigste nach Wahl. Ein ganzer Sack Schuhe, der für Reparaturen bestimmt war, ist einmal gestohlen worden. Nach einigen Wochen hat er sich wieder eingestellt, die Camp-Polizei war auf der Höhe. Fanden Impfungen statt, Untersuchungen auf Ungeziefer – alles wurde bekannt gemacht, auch Essensausgabe usw. In der kalten Zeit brannten Öfen, wozu man sich oft Brennstoff besorgte. Woher er kam? Ich weiß es nicht. Viele wärmten sich abends das Essen auf, das sie vom Mittag gespart hatten. Glücklichere kochten auch wohl. Hatte man Kartoffeln, gönnte man sich vereinzelt Bratkartoffeln. Bratkartoffeln war für uns Feiertag. An den wenigen Öfen war wegen der Reihenfolge oft die größte Unzufriedenheit, es war kaum anzukommen. Manchmal ist wegen Ausnutzung der kleinen Ofenplatte auch schon das ganze Essen hingefallen. Jeder wollte sein Töpfchen stehen haben, ein versehentlich kleiner Anstoß brachte das Unglück. Ich persönlich hatte keine Ofenreiche. Mein Mann brachte es zu einer gewissen Fixigkeit. Oft habe ich gedacht, meine Lieben müssten ihn mal so sehen! Früher hatte er nie Interesse für haushälterische Angelegenheiten, im Gegenteil, das beste Essen aß er verträumt durch die geschäftlichen Fragen, die ihm im Kopf schwirrten. Eine Freude war es, wenn ich ein kleines Brot fabriziert hatte. Der Koch backte Brötchen für Kranke. Da ich die Töpfe reinigte, verwendete ich den Rest, statt ihn in den Abfall zu werfen.

Wer in der Baracke eine ansteckende Krankheit hatte, kam in der Baracke acht bis vierzehn Tage unter Quarantäne. Man hatte sozusagen „Hausarrest." Das kam oft ganz plötzlich: Gefängnis im Gefängnis, doch konnte man sich von seiner Arbeit erholen. Zum Baden wurden in Westerburg Karten ausgegeben. Oh weh, diese Reihen! War man glücklich so weit, hatte man sich in wenigen Minuten auszuziehen, eine Dusche zu nehmen, sich anzukleiden. Der Fußboden war stets nass, man musste sich schon künstlerisch an- und ausziehen, seine Sachen nicht zu beschmutzen. Der Vorteil war, eine Kabine für sich allein zu haben. Draußen warteten schon wieder neue Reihen. Wir standen im Begriff, aus dem Badehaus zu gehen, als plötzlich ein Herr ohne Stern zu uns sagte: „Hier bleiben!" Eine Dame war sehr ungehalten darüber, sie hatte es eilig wie wir alle, jede Zeit war berechnet. Der Herr wurde ärgerlich: „Geben Sie mir Ihre Lagerkarte!" Wer war dieser Herr? Der Kommandant. Die Dame war sehr besorgt wegen Transportgefahr. Ich traf sie später, die Karte ist ihr zurückgestellt worden. Kleine Vergehen konnten ernste Folgen haben. Ich bin einmal versehentlich ohne Stern fortgegangen, glücklicherweise machte mich ein netter OD darauf aufmerksam. Ich lief so schnell wie möglich in die Baracke zurück, meinen Stern zu holen. Die Barackenleiterin hielt fast jeden Abend vorm Schlafengehen ihre Rede: „Heute ist das und das verloren gegangen. Wer es gefunden hat, hat es an der Administratie abzugeben." Oder: „Morgen muss alles zeitig aus der Baracke, es wird geschrubbt! Gepäck muss auf die Betten gelegt werden. Es darf nichts an den Balken hängen. Das Klosett ist immer noch nicht sauber genug gehalten, meine Damen. Heute ist ein Nachtdienst eingeführt worden." Außer diesem Klosett in der Baracke waren draußen Klosetthäuschen: viele Klosetts ohne

Zwischenwände nebeneinander, beim ersten Mal eine Überwindung, dort hinzugehen. Beide Barackenleiterinnen, die mit so viel Liebe für alle gesorgt hatten, sind schon lange in Polen. Die eine hatte einen Freund vorm Transport schützen wollen, sie ist wohl nicht geschickt genug dabei zu Werke gegangen. Eine entzückende alte Dame, die seit 40 Jahren mit einem Christen verheiratet war, ist auch in Polen. Ihr Schwiegersohn bekleidete in Deutschland einen hohen Posten und doch konnten ihre Kinder die Freilassung nicht ermöglichen. Eine andere Dame, ein besonders feiner Mensch, war zur Klosettfrau avanciert. Sie war die Frau eines bekannten Juwelier-Großhändlers. Sie war froh, diesen Posten zu haben, da er nicht anstrengend war.

Viele Verwandte und Freunde sind nach Polen weitergeschickt worden. Aus dem Lager führte es eine Bekannte. Sie war früher eine gepflegte Frau, in ihrer Armut hätte ich sie kaum wiedererkannt. Sie besaß, was sie am Körper trug. Sie glaubte, ihren Mann in Westerburg zu treffen, aber er war schon fort nach Polen. Eine andere Familie kam auch abgerissen an. Eine Familie hat dort ihr einziges Kind verloren. In Westerburg war ein befreundeter Arzt mit seiner Frau, sie wollten in Groningen flüchten. Als sie in das verabredete Auto stiegen, das sie nach der Bahn fahren sollte, übergab sie der Verräter-Chauffeur der Polizei. Statt zur Bahn fuhr er zum Polizeigebäude. Sie sind in Polen. Freunde aus meiner Heimat[65] traf ich in Wester-

65) Osnabrück

burg, die ich seit meiner Kindheit nicht wieder gesehen hatte, Freunde aus meiner zweiten Heimat[66] und Freunde aus Holland. Alle waren im Lager konzentriert. Ein reizender, mir bekannter alter Herr von 95 Jahren ist in wenigen Tagen dort gestorben. Er war den Strapazen nicht mehr gewachsen. Ein Onkel von mir von 75 Jahren ist in Polen. Ein Cousine mit ihrem Mann und eine Freundin mit ihrem Mann, der 1914 den Feldzug für Deutschland mitgemacht hatte, – alle fortgeschickt. Ihre Schwester hatte sich in Deutschland durch Gas vergiftet. Eine blinde Dame kam, getrennt von ihrem Sohn, allein fort. Das sind nur Einzelfälle, die ich anführe. Transportleute, die untergetaucht waren und von der Polizei gefunden wurden, trugen als Strafe eine weiße Armbinde mit rotem S. Sie durften nur unter Begleitung des OD, der jüdischen Polizei, gehen. Es ist eine Kette von Leid.

Mein Mann arbeitete ja in der Abfallverwertung, die sich sehr vergrößert hatte. Inzwischen war auch eine Presse angeschafft worden. Die großen Packen sind im Güterzug verladen worden. Später arbeitete er,

66) Von Westerbork wurden folgende Juden, die wie Änne Gröschler in den 1930er Jahren von Jever aus in die Niederlande emigriert waren, deportiert: Adolf Josephs (1879 Jever – 20. April 1943 Sobibor), Martha Josephs (1874 Jever – 6. April 1943 Sobibor), Paula Josephs geb. Katz (1889 Northeim – 20. April 1943 Sobibor), Bertha de Levie geb. Josephs (1872 Jever – 18. Mai 1943 Sobibor), Johanna de Levie geb. Wolf (1912 Dinslaken – 18. Mai 1943 Sobibor), Karl de Levie (1912 – 20. Juli 1943 Sobibor) und Salomon Haas (1896 Neustadtgödens – 7. September 1943 Auschwitz).

da es leichter für ihn war, in Silberpapier.[67] Weinberg bot mir eines Tages an, in der großen Krankenhausküche zu helfen. Ich bin dort eine Zeit geblieben. Die 101 war eine große Küche, die die Krankenhäuser versorgte und die Diätküche führte. Es war ein großer Apparat, allein die Verwaltung. Wer hatte dort nicht alles mit-

■ 18: Altmaterialaufbereitung im Camp Westerbork. Hier arbeitete Hermann Gröschler während seiner Lagerhaft.

zusprechen: Rosengarten, Gottschalk, Plate usw., dann die Herren, die den administrativen Teil übernahmen, die Leiterinnen, Köche, Köchinnen, Gruppenleiterinnen usw. Hanau, Kaufmann, Bloch machten hintereinander die Buchführung. Wo mag Herr Hanau heute sein? Kauf-

67) 1943 wurde Westerbork zu einem Arbeitslager mit unterschiedlichen Abteilungen ausgebaut. Über die sog. Silberpapier-Industrie berichtet Josef Weiss: „Wir mussten aus Papier von Schokoladefabriken oder aus Radiospulen das Silberpapier von dem anderen Papier lösen. Die Arbeitszeit war nicht zu lange, die Arbeit selbst nicht anstrengend." (zit. n. Arntz 166)

mann ist in Palästina, Frau Bloch im Austauschlager. Plate war Chef, Frau Kohn, Frau Loeb die Leiterinnen, Frau Kann war die Göttin des Reinemachens, sie sah alles. Wenn sie morgens kam, die kleine Frau, musste die große Küche blitzen. Ich höre sie noch sagen: „Frau Gröschler, haben Sie dieses, haben Sie jenes ordnen lassen? Sie brauchen es nicht selbst zu tun, es gibt doch Leute genug. Ist für Kaffee gesorgt?“ Eine Zeit war ich Gruppenleiterin. Es ist nicht leicht, die Damen stets zur Arbeit anzuhalten. So genannte „brutale“ Frauen kamen am besten durch. Wie oft haben mir gut gesinnte Frauen gesagt: „Frau Gröschler, Sie arbeiten zu viel, Sie kommen doch nach Polen.“ Es waren liebe Mädchen und Frauen bei der Arbeit. Es gab dort viel zu tun: Reinemachen, Gemüseputzen, Fußbodenwischen, Eierkochen, Brotrösten usw. Für den Herd waren Köchinnen da, zuletzt zwei Köche. Unser Essen erhielten wir in unserer Baracke. Obwohl wir keinen Anspruch auf Essen hatten, bekamen wir doch etwas in der Küche. Für mich war es gut. Wer Pakete erhielt, konnte froh sein. Wir bekamen nur ab und zu ein Päckchen, auch vom Joodschen Rat.[68] Es gab Leute, die wöchentlich ihre festen Pakete empfingen. Die großen Töpfe, die ich reinigen musste, enthielten

68) Der Joodsche Raad war eine Einrichtung der Besatzungsmacht und wie die Zentralstelle für jüdische Auswanderung im Endeffekt gezwungen, sich an der Verfolgung der Juden zu beteiligen. Der Rat erfüllte auch soziale Funktionen und stellte den Kontakt zwischen Westerbork und dem Internationalen Komitee des Roten Kreuz her. Die Westerborker Außenstelle besaß bis zu 200 Mitarbeiter, die sich z. T. zwischen Westerbork und Amsterdam frei bewegen durften (Hajakova 12).

noch oft Reste. Teils schlickte ich davon wie auch die anderen, teils nahm ich sie in meinem kleinen Töpfchen mit, als Teil meines Mittagessens. Es war verboten. Ich tat es öffentlich und man sagte mir nichts. Da das Essen in der Baracke knapp war, nutzte es meinem Mann sehr.

Frau Loeb hatte die Dienstküche zu versorgen: „Schnell, schnell, meine Damen, das Gemüse muss fertig werden!" Oh weh, wenn mittags Herr Plate kam und das Essen war nicht zu der Zeit, da es die Baracken abholten, fertig! Auch private Diätessen verabreichte man bei uns. Mittags war der Siedepunkt, Hochbetrieb: „Bitte Baracke II, III, IV usw." Dann war alles abgelaufen. Herr Reich, der Hauptportier, kam dann wohl in die Küche: „Ist auch Salat da, Frau Gröschler?" Wer kam nicht in die Küche: ein Kinderarzt Dr. Wolf, ein lieber alter Herr, Dr. Elsass vereinzelt, Dr. Spanier, der Chefarzt.[69]

Morgens, besonders nachmittags wurde Papp[70] ausgegeben, barackenweise. Auch für Mütter mit Kindern: Milch, Butter, Käse, Eier. Wie viel Eier habe ich in der Küche gesehen, auch später in der anderen Küche? Ich arbeitete dort in der Infektionsbaracke für Diphtherie, Kinderlähmung, TBC usw. Dort habe ich selbst Eier für die Kranken gebraten. In beiden Küchen hatten wir keinen Anspruch auf ein Ei. Häufiger kam Frau Dr. Spanier[71] in die Küche, um ihr Essen zu holen. Dr. Spanier

69) Dr. Fritz Spanier (1902 Recklinghausen – 1967 Düsseldorf)

70) Frühstücksbrei

71) Babette Spanier-Seidemann (geb. 1905); zu Zeiten Änne Gröschlers wurde in Deutschland üblicherweise eine Ehefrau mit dem Titel ihres Ehemannes angesprochen.

spielte eine große Rolle im Camp. Er war Chefarzt der gesamten Krankenbaracken, tüchtig, mit Arbeit überhäuft und sehr beliebt. Sie stand mit Frau Loeb am Herd und unterhielt sich. Frau Heymann, Köchin, früher erste Leiterin in einem großen holländischen Betrieb, kannte Frau Spanier nicht. „Meine Dame, ich möchte Sie bitten, nicht in das Essen zu spucken!" Frau Spanier war außer sich: „Sie wissen wohl nicht, wer ich bin?" Mein Schwiegersohn hatte Frau Dr. Spanier in Groningen behandelt. Wir baten sie auch mal zu Tisch und ich bekam damals schon einen Einblick in ein Campleben. Die Orchidee, die sie uns verehrte, hat lange gehalten.

In einem so genannten „Saal" saßen die Krankenschwestern, Wärter, Ärzte usw. Die Bedienung ging von einer kleinen Küche aus, die neben unserer großen lag. Die Damen, die dort arbeiteten, waren reizend, z. T. schöne, elegante Frauen. Einige Namen habe ich behalten: Frau Silberberg, Frau Durlacher. Der Mann von Frau Durlacher war bei uns Barackenleiter gewesen, im früheren Beruf Opernsänger. Die Schwester von Frau Durlacher war ein Original, sie führte eine andere Krankenhausküche. Eines Tages kam sie mit einem Kinderwagen in die Küche, unter der Decke lag ein Kuchen, der bei uns abgebacken werden sollte. Eine Zeit war das Abbacken streng verboten.

Kurze Zeit hatte ich Nachtdienst. Wenn es mich nicht so angestrengt hätte, wäre es dem Tagdienst vorzuziehen. Eines Nachts regnete es in Strömen, ich war müde und verlangte ins Bett und bin allein vorgegangen. Eine

Taschenlampe war etwas Besonderes, meine Batterie war abgelaufen. Als ich ein Stück Weges hinter mir hatte, konnte ich vor Unwetter nicht weitergehen. Ich flüchtete in ein Krankenhaus, unsere Küche lag auf dem Krankenhausterrain, und eine nette Schwester gab mir Obdachlosen ein Bett. Gegen fünf Uhr morgens – ich hatte kein Auge zugetan – zog ich dann in meine Baracke. Gegen 11 Uhr abends kamen zwei hohe Deutsche in die Küche. Im ersten Augenblick dachte ich: „Vielleicht Kontrolle." Sie setzten sich, die Köchin gab ihnen einen Teller Suppe, sie aßen sie gern. Dann fragte ich sie nach ihrer Charge. Sie antworteten: „Polizeihauptleute." Kurz darauf gingen sie wieder fort.

Eines Morgens rief mich Frau Kann zu sich: „Frau Gröschler, ich habe einen schönen Rock und eine Weste. Ich wage Sie Ihnen kaum anzubieten. Würden Sie sie nehmen?" Ich überlegte einen Augenblick, ich nahm sie für meinen Mann. Wir waren selbst sehr bestohlen worden. Eine Dame schenkte mir aus ihrem Überfluss warme Schlüpfer, eine andere eine Bluse. Ich gab von meinen Sachen wieder anderen. In Groningen hatten wir uns mal ein Lotterielos gekauft, der Gedanke machte uns schon reich. Erwartungsvoll sahen wir die Zeitung nach, es war nichts zu erben. Zwei goldene Ketten machten wir zu Geld, wir wurden übervorteilt. Wenn man was verkaufen will, ist es meist wertlos, wenn man es kauft, zahlt man den Wert. Nur kurze Zeit erhielten wir Miete unseres elterlichen Hauses nach Groningen. Eine reizende Freundin von mir, die pekuniär stets zu kämpfen hatte, sagte früher zu mir: „Frau Gröschler, was verstehen Sie von

Armut? Es ist, als ob ein Blinder von dem Licht spricht." Im Beginn unseres Aufenthaltes in Westerburg habe ich mir oft Brot aus der Tonne gesucht, das Gefühl der Scham verschwand allmählich. Die Tränen, die ich im Beginn unseres Schicksals geweint hatte, wurden weniger, obgleich ich mir stets unserer Lage bewusst war. Schuldlos waren wir in unser Schicksal hineingeschliddert.

Ich sehe eine Dame vor mir, als sie das erste Paket empfing: Tränen, Tränen. Sie gewöhnte sich an die schönen, ständigen Pakete. Sie war eine gütige Frau, sie hatte reichlich und gab meinem Mann öfters ihr Mittagessen vom Camp. Sie kochte selbst, wenn es ihr am Ofen gelang. Als wir in Groningen lebten, kamen wir mit einer Familie zusammen, die in der Nähe der Heimat meines Mannes gelebt hatte. Der Mann verdiente dort, der einzige Sohn bekleidete eine gute Stellung. Sie bewohnten eine reizende Wohnung. „Ach, Frau Gröschler, wie bedauere ich Sie, Sie hatten es früher so schön!" Die ganze Familie ist in Polen. Eine schöne Erinnerung ist mir der Besuch von Dr. Franck im Hause meiner Tochter. Der Herr ist ein Freund Herzls gewesen, er hielt in der zionistischen Gesellschaft auch mal einen Vortrag über Herzl. Er hatte dem Kongress in Basel beigewohnt. Mit meinem lieben Mann machte er häufiger Spaziergänge und sie konnten Gedanken austauschen. Er war der Schwiegervater von Oberrabbiner Dasberg. Seine Frau, eine reizendes, feines Frauchen, sehe ich noch in ihrem hübschen Heim als Mutter und Gattin fungieren. Nun sind sie auch im Camp. Wie oft sehe ich die zarte Frau Gamellen[72] schleppen, der anfänglich schöne Regenmantel war ganz verfleckt. Sah sie mich, schimpfte sie mit mir: „Aber Frau Gröschler, warum schleppen Sie so schwer, sind keine jüngeren Frauen da?" Ihre prachtvollen Kinder sehe ich noch in den Barackenbetten liegen. Als ich in Celle auf dem Appellplatz Gepäck suchte, konnte ich kaum mehr auf den Beinen stehen. Das älteste Töchterchen hat mich liebevoll gestützt, Kinder können sich gut einfinden. Ihre Spiele waren nach dem Camp-System: „Achtung, ein Deutscher kommt!" Ein Kind hatte Geburtstag, zufällig weiß ich von diesem Kind, dass es seit Jahren von den Eltern getrennt ist. Eine Schwester war mit ihr zusammen. Das Bett war zum Geburtstagstisch geschmückt, als Hauptgabe leuchtete auf einem Teller eine große Schnitte Brot mit etwas Butter. Meine Nichte erzählte mir, dass sie mit ihrem Jungen von früher, von normalen Zeiten, gesprochen habe, von der Wohnung, wie hübsch sie es gehabt hatten. Er fragte: „Hatten wir damals ein goldenes Zimmer?" Sie sagte zu einem Barackenjungen: „Willst du mal mit meinem Neffen spielen?" – „Was denken Sie, Frau Gronau, ein Junge vom alten Campadel spielt nicht mit mir." Wie geschickt oft Kinder sind! Ein Kind häkelte mit zwei Stecknadeln aus Mangel an Häkelnadeln. Puppen fabrizierten sich die Kinder aus einfachem Zeug. Ich sah eine entzückende Eisenbahn mit allem Zubehör aus Wurzeln, diese hat eine Dame für ihr Enkelchen fabriziert.

72) Große Metallbehälter, mit denen das Essen für die Häftlinge in die Baracken getragen wurde; auch Kamellen genannt.

Ein großes Institut war die „V".[73] Ein Teil der Damen half in der Baracke, die anderen besuchten die Baracken, um sich die dringendsten Wünsche der Leute zu notieren. Leider wurden diese sehr korrigiert und nicht immer erfüllt. Die ausgebende Baracke war wie ein Kaufladen. Alte Sachen wurden gut gereinigt, doch z. T. gab es auch neue Kleider, Mäntel, Blusen, Strümpfe, Unterzeug aller Art, Schuhe, Pantoffeln usw. Eine mir bekannte Dame hatte ein reizendes Jackenkleid bekommen, eine andere einen Mantel. Viele gingen leer aus, es war sehr schwer, die Genehmigung der V-Leitung zu erhalten. Es wurden auch vereinzelt Lebensmittelpäckchen ausgegeben für die, die keine Pakete erhielten. Ab und zu bekamen wir auch eines. Inhalt: Brot, etwas Butter, Käse, Marmelade. Reihenweise drängten sich die Leute vor der V, wenn ihnen etwas genehmigt war. Zuletzt gab es kaum noch Ware, die Transportfähigen wurden bevorzugt. Am Abend vor den Transporten verteilten die Damen der V die angefragten Kleidungsstücke, soweit sie vorhanden waren.

Rosenberg, Leiter großer Betriebe in Westerburg, hatte Hochzeit. Er spielte eine Rolle. Mein Mann war mit ihm und auch mit der Mutter sehr befreundet, früher hatten sie geschäftlich zusammengearbeitet. Mit der Mutter und auch mit ihm trafen wir uns öfters. Wir besuchten sie gern. Ihr liebstes Thema war, von früheren Zeiten zu sprechen. Das ganze Dorf war auf den Beinen, es war wirklich aufregend.

73) Die „V" (von ndl. Voorsorg, im Sinne von Fürsorge, ausgesprochen „Vee") war eine wichtige Abteilung, verfügte über eine eigene Baracke und war eine interne Einrichtung der Lagerinsassen (vgl. Arntz 146).

Der große Kartoffelraum ist zu einem Trausaal umgemodelt worden. Wir waren zur Trauung geladen, mein Mann zog seinen Anzug an, ich mein Jackenkleid. Oh weh! Es war so ein Gewimmel, als wir ankamen. Niemand fand mehr Einlass. Wir waren enttäuscht. Da öffnete sich die Tür, die Mutter des jungen Ehemannes rief ganz spontan, als sie uns zufällig erblickte: „Gröschlers kommen noch herein." Wir drängten uns durch und waren im Saal. Dort war alles voller Blumen, Braut und Bräutigam unter der Chuppa[74], die Braut im weißen Kleid mit Schleier wie im bürgerlichen Leben. Ein Rabbiner hielt die Traurede, dann wurde gesungen. Bei der Traurede vergaß man die Gefangenschaft. Eine Ehe in Freiheit aufgebaut ist doch etwas anderes. Nach der Trauung war eine große Defiliercour, alles und alle gratulierten dem jungen Paar und der Mutter. Sie zogen dann in ein kleines Häuschen, wo sie ein Zimmer bewohnten. Sie hatten es für ein Camp wirklich nett.

Wenn ich berichte, dass ein Kabarett bestanden hat, werden Sie es nicht glauben. Das Kabarett fand in einem sehr schönen großen Saal statt. Die Bühne war sehr schön arrangiert, alles machte den Eindruck eines intimen Theaters, die Stühle waren nummeriert. Auch sehr gute Konzerte wurden unter Leitung eines Dirigenten aufgeführt mit den allerbesten Kräften. Der Kommandant war fast stets anwesend. Im Kabarett spielte Willy Rosen[75] eine große Rolle. „Text und Musik von mir!" war

74) Traubaldachin des jüdischen Hochzeitsritus

75) Bekannter deutscher Kabarettist (1894 Magdeburg – 1944 Auschwitz)

sein Wahlspruch. Der Beginn eines Liedchens fällt mir ein: „Wenn ein Paketchen kommt, dann freut sich groß und klein …“. Die Namen der anderen großen Künstler sind mir leider entfallen. Wie froh bin ich, dass ich mit meinem Mann da war. Man vergaß für einige Stunden den schweren Alltag. Es war schön. Leider sind auch viele Künstler durchgeschickt worden.

■ 19: Revue in Westerbork 1943, in der die Feuerwehr des Lagers auf unterhaltsame Weise ins Visier genommen wurde. Fast alle der hier gezeigten Künstler wurden wenig später ermordet.

Zweimal war mein lieber Mann sehr krank in Westerburg. Es war nach einer Transportnacht, man rief mich aus der Frauenbaracke und mir erschien sein Zustand nicht gut. Ich veranlasste den Barackenleiter, sofort einen Arzt zu besorgen, was er freundlicher Weise auch tat. Alles wurde in Bewegung gesetzt. Ein junger, unerfahrener Arzt gab meinem Mann eine leichte Medizin, die nicht half. Der Barackenleiter holte dann selbst Dr. von D. Reiss. Er kam, dann fragte er: „ Ist bei dem

Mann Transportgefahr?" – „Nein." An einem Transportmorgen waren die Ärzte misstrauisch. Als er meinen Mann untersucht hatte, sagte er: „Es ist höchste Zeit, dass der Mann ins Krankenhaus kommt!" Dann kamen die OD mit einer Krankenbahre, er wurde darauf gelegt und man brachte ihn fort, ich ging mit. Als wir ankamen, wollte man mich fortschicken. „Nein, ich bleibe. Ich muss mit dem Arzt sprechen!" Ich war sehr energisch. „Ihr seid doch Juden!" Ich durfte bleiben. Der Krankenaufseher entschuldigte sich sogar: Am Transportmorgen sei alles nach schlafloser Nacht durcheinander. Dank Gott, der Ärzte und Pfleger hat mein Mann diese Krankheit glücklich überstanden. Ich erinnere mich seines Portiers im Krankenhaus. Ein Portier war ein feiner Posten. Dieser war ein bekannter Schauspieler, Gerron.[76] Ich wusste es nicht, ich dachte, seiner Art nach könnte der Mann Schauspieler sein, seine Bewegungen, seine Gesten. Ich erkundigte mich nach ihm. „Wissen Sie nicht, dass er ein berühmter Schauspieler war?" Es gelang nicht immer, das Herz eines Portiers zu erweichen, da bestimmte Besuchszeiten eingehalten werden mussten. Ich hatte etwas Glück dabei.

76) Kurt Gerron (1897 Berlin – 1944 Auschwitz), bis zur NS-Zeit erfolgreicher deutscher Schauspieler („Der blaue Engel"), Sänger („Dreigroschenoper") und Regisseur; er wurde im Februar 1944 von Westerbork in das KZ Theresienstadt deportiert. Hier zwang ihn die SS, den Propagandafilm „Theresienstadt: Ein Dokumentarfilm aus dem jüdischen Siedlungsgebiet" zu drehen. Anschließend wurden Gerron und fast alle Mitwirkenden in Auschwitz ermordet.

Ein anderes Mal wurde ich aus der Küche gerufen, mein Mann käme ins Krankenhaus. Ich rannte schnell zu ihm. Es ging ihm nicht besonders, er war froh, im Krankenhaus zu sein. Die ersten Tage konnte ich nicht erfahren, was meinem Mann fehlte. Ich erkundigte mich bei dem Aufnahmearzt: „Ach, das ist Ihr Mann, der ein schweres Herzleiden hat." Seine Assistentin sah ihn verwundert an: „Sie irren sich, Sie verwechseln den Herrn mit einem anderen." Danach beruhigte ich mich. Endlich erfuhr ich dann die Sprechstunde des behandelnden Arztes, ich ging zu ihm und hörte zu meinem Schrecken, dass mein Mann Lungenentzündung habe. Ich glaube, es besteht in Holland ein Gesetz, den Angehörigen nicht die Krankheit zu sagen.

Jeden Tag kam ich mit einem Töpfchen Essen zu ihm ins Krankenhaus, auch mit Weichkäse oder sonst etwas Gutem. Offiziell durfte ich nicht hinein, da ich in der Infektionsküche arbeitete, doch bin ich dann öfters hineingeschlüpft. Wie strahlte er, wenn ich mittags mit dem Essen kam! Im guten Sinne sagte er einmal zu mir: „Ich wünsche dir auch mal ein leichtes Krankenlager." Er meinte die Ruhe und die Verpflegung. Ich bin zu Frau Kann, der Küchenleiterin, gegangen und habe sie um gutes Essen für meinen Mann gebeten. Jeden Mittag gab sie mir selbst das Essen, aber dann wurden alle Extraausgaben verboten. Darauf bat ich meine Küchenleiterin, Frau Ullmann. Sie sagte: „Nehmen Sie sich nur jeden Mittag etwas für Ihren Mann." Sie hatte den Vorzug, noch Pakete zu erhalten, ihren kranken Sohn konnten wir gut versorgen. Endlich, nach Wochen, war mein Mann genesen und glücklich zogen wir mit unserem Ballast aus dem Krankenhaus. Unsere Nichte hat uns zum Genesungsessen eingeladen, alte Campinsassen. Was diese Menschen aus dem Nichts hervorgezaubert haben, war reizend! Relativ gesehen, waren die alten Campinsassen nicht arm, doch klar gesehen, hatten auch sie nichts. Sie gaben aus der eigenen Armut, aber auch jedem. Das nahm mich für sie so ein. Das Häuschen bedeutete für uns eine Oase in der Wüste. Dort saßen wir in einem kleinen Zimmerchen. In der Baracke saß ich zuletzt bei meinem Mann am Tisch, wir hatten eine nette Gesellschaft. Ein lieber Herr war Bankier aus Amsterdam, er wusste so interessant zu erzählen. Wie erstaunt war ich, als er an einem Mittag verhaftet war. „Devisenvergehen." Ich hatte unendliches Mitleid mit dem netten Herrn. In dem kleinen Camphäuschen war noch ein Zimmer. Dort wohnten auch liebe Bekannte von uns, wir besuchten sie gern, mein Mann hat mit dem Herrn politisiert. Stets waren neue Campgerüchte im Umlauf, sie wuchsen aus der Erde. Woher sie kamen? Man weiß es nicht.

So lebten wir unser Leben in Leid und Freuden. Wie überglücklich waren wir, als wir erfuhren, dass wir auf die Palästinaaustauschliste gesetzt sind. Es kann nur der verstehen, der den Kampf ums Leben mitgemacht hat. Bis jetzt hatten wir uns durchlaviert, Gültiges wurde als verfallen deklariert, in dem einen Moment bestand das eine sicher, im anderen Augenblick das andere. Alles war nur ein Begriff. Lange, lange währte es, bis die wirkliche Nummer uns zugesandt wurde. Zufällig konnte man damals nach der Schweiz schreiben. Wir veranlassten unsere nach dort emigrierten Verwandten, für uns beim schweizerischen Konsulat vorzusprechen. Wieder ein neues Gerücht: Palästina-Papiere ohne Nummer sind verfallen. „Haben Sie es schon gehört?" Das ganze Camp sprach davon. Ich wollte es nicht glauben. Und doch: Das Gerede bestätigte sich. Der Hauptteil der Palästina-Papiere war geplatzt.

Wir begannen, einen anderen Weg zu durchkämpfen. Eine so genannte „Weinrebliste" trat in Aktion. Wir bemühten uns sehr, auf die Liste zu kommen. Die Administratie war voll von Menschen, Stunden konnte man warten. Erst wegen der Palästina-Papiere, ob nicht doch noch etwas zu retten sei, dann all die zerstörten Hoffnungen, nun die Weinrebliste.[77] Wieder standen die Menschen Schlange. Und endlich gelang es uns nach unendlichem Bemühen, auf die Weinrebliste zu kommen. Man war wach, es war ums Leben und Bestehen, das Damoklesschwert hing über unserem Kopf. Und leider ist es wahr: Viele Palästinaleute sind beim folgenden Transport nach dem Osten geschickt worden. Es war eine große Trauer. Im Vergleich waren die Portugiesen[78] ziemlich geschützt. Sie galten im Lager als irgendwie christlichen Ursprungs. Im Mittelalter nahmen die portugie-

77) Friedrich Weinreb (1910 Lemberg – 1988 Zürich) war ein promovierter Volkswirt und umstrittener Charismatiker, dessen frei erfundene „Liste" auch bei der SS zeitweise Glauben fand. Ab den 1960er Jahren wurde Weinreb zu einem vor allem in Europa populären Vermittler der jüdisch-mystischen Tradition.

78) Nachkommen der 1492 von der Iberischen Halbinsel vertriebenen sephardischen Juden, die in den Niederlanden vor allem in Amsterdam lebten.

sischen und spanischen Juden (Marranen) die Nottaufe an. Man sagt, in Holland hätten sie nur unter sich gelebt und geheiratet.

Wieder ein anderer Bericht: Palästina-Papiere treten wieder in Aktion. Endlich, endlich war unsere Nummer da. Strahlend kam mein lieber Papi in meine Küche gelaufen: „Änne, wir haben die Nummer!" – „Oh, ist es wirklich wahr? Darum kommst du hier ganz herauf!" Ein Alb fiel mir vom Herzen. Wir zwei fühlten uns als glückliche Menschen. Nun wurde laut, dass Celle-Bergen als Austauschlager galt. Dort wird sicher gute Verpflegung, weniger Arbeit und angenehme Behandlung sein!

Eines Morgens wachte ich auf, ich fühlte mich gar nicht wohl. Jeden Morgen lief ein Herr vom Barackendienst durch die Baracke. „Ist allen wohl? Ist jemand krank?" – „Ja, ich. Bitte notieren Sie mich für den Arzt." Der Arzt kam, ich fieberte. „Sie können ins Krankenhaus eingeliefert werden, da Sie doch fiebern." Leider habe ich abgelehnt, da ich dachte, mein Zustand würde bald behoben sein. Mein behandelnder Arzt war ein Bekannter von uns. Er lebte mit Frau und Kind in Groningen in einem bildschönen Landhaus. Im Geiste sehe ich ihn in Celle, abgearbeitet und halb verhungert aussehend. Seine Frau arbeitete in den Schuhen,[79] wo er vordem auch beschäftigt war. Die berüchtigte Campkrankheit, die Diarrhö, hat mich schrecklich heruntergebracht. Mein lieber Mann wusch mir meine verunglückte Wäsche aus, ich war zu schwach dazu. Das Campessen durfte ich nicht essen.

79) Baracken zur Aufarbeitung von Schuhen.

Meine Nichte kochte mir einmal Haferschleim. Dann kam Frau Ellmann, meine Küchenleiterin. Mir war so schwach und elend und ich bat sie, für mich in der großen Küche Haferschleim zu betteln. Wie froh war ich, als mein lieber Papi für mich den Weg zurückgelegt hatte und mit dem warmen Haferschleim ankam. Leider war ich noch nicht bei Kräften, als der Palästinaaustausch in Kraft trat. Abgespannt wie ich war, begann ich zu packen.

Das Packen bei den begrenzten Raumverhältnissen war nicht einfach. Dann stand man der einen im Wege, dann der anderen. Schließlich ging ich mit dem größten Teil meiner Habseligkeiten zu meinem Mann in die Baracke und packte dort fertig. Ein Herr war uns behilflich und schrieb Schilder. Wir ließen ihm einige praktische Gegenstände wie Eimer usw. Im Campleben sind Gegenstände, die man früher kaum beachtet hatte, Wertgegenstände: Wascheimer, Becher, Nähutensilien, Kannen – alles, alles ist verwendbar. Mein Mann hatte nun auch gepackt, die Decken waren eingerollt. In meiner Krankenküche hatte ich mich verabschiedet mit einem kleinen Verschen. Von der 101 brachte man mir ein selbst gebackenes Brot. Dann erfuhr ich im letzten Moment, dass ich als Krankenhauspersonal Anspruch auf ein schönes Paket hätte. Eine Dame der Administration schickte noch einen jungen Mann zur Leitung. Ob es nicht richtig erledigt wurde? Ich habe das Paket nie empfangen. Eine große Enttäuschung gerade für uns, die so sehr darauf angewiesen waren. Man hatte mich vergessen.

Nun gingen wir zur Bahn, es war zwei Uhr, das Gepäck machte uns viel Arbeit. Mein Mann hat es noch in den Zug gepackt. Mit unseren Tischnachbarn saßen wir zusammen im Coupé sehr gedrängt, man konnte sich kaum rühren wegen des Gepäcks. Wir saßen und gegen sechs Uhr fuhr der Zug ab. Wir verließen den holländischen Boden, das holländische Land. Was hatte es damals für Mühe gekostet, für uns die Aufenthaltsbewilligung zu erhalten! Der Weg zurück nach Deutschland, nun wieder deutscher Boden, der uns zuletzt unter den Füßen gebrannt hatte.

5. KZ Bergen-Belsen 1. Februar 1944 bis Juni 1944, Tod von Hermann Gröschler

Gegen neun Uhr morgens kamen wir nach strapaziöser Fahrt an: Celle-Bergen.[80] „Alles aussteigen!" Die Grünen empfingen uns und die Deutschen. Als ich den Ton hörte, sagte ich mir: „Aha, nun weißt du, wo du bist." Wir stiegen aus. Als wir unser Gepäck draußen hatten, hat mein lieber Mann es fast allein auf einen draußen stehenden Gepäckwagen geladen. Ich musste auf die Sachen achten, ein kleines Köfferchen mit etwas Esssachen behielten wir bei uns.

Dann hatten wir anzutreten, es war ein langer Zug. Soll denn nie mehr ein normaler Zustand unter uns werden? Kranke Leute – ich erfuhr es erst später – konnten fahren. Wie bedauerte ich es, dass mein lieber Mann nicht gefahren ist. Zwei Stunden währte es, zu unserem Ziel zu gelangen. Unterwegs fiel uns auf, wie schön Celle-Bergen gelegen ist. Dann begegneten uns Autos, auch Gefangene. Celle-Bergen ist ein großes Gefangenen-Camp. Endlich wa-

80) Das KZ Bergen-Belsen im Kreis Celle besaß keinen eigenen Lagerbahnhof. Die Zugtransporte mit Häftlingen kamen an der ca. 5 Kilometer entfernten Verladerampe des Truppenlagers Belsen, auf dessen Terrain das KZ errichtet worden war, an.

ren wir im Lager angelangt. Wir standen auf einem großen Platz, alle Formalitäten wurden nach und nach erledigt: Personalaufnahme, Geldabgabe, Werte, soweit man noch hatte. Wir standen reihenweise, es ging nach und nach, einen ganzen Tag lang in Wind und Regen. Zuletzt wies man uns unsere Baracken an, Papi und ich mussten uns trennen. Seine Baracke war so eine Art früherer Pferdestall mit Steinfußboden. In meiner Baracke war ein Stimmengewirr, dort wohnten die Italiener, sie waren voller Temperament.[81] Durch ihr lautes Gebaren glaubte man, sie lebten in Unfrieden. Man konnte aber gut mit ihnen auskommen. Teils waren bildschöne Menschen unter ihnen, ihre farbenreiche Tracht gab ein buntes Bild. Unser Gepäck stand z. T. noch auf dem Appellplatz. Wir waren todmüde, meine Glieder waren wie gelähmt, ich konnte kaum gehen. Ich fiel abends nur noch in mein Barackenbett. Unsere Waschgelegenheit lag in einer schräg gegenüber liegenden Baracke.

Am anderen Morgen weckte uns um fünf Uhr einer der Campleute: „Alles hat zum Frühappell anzutreten. Kranke mit 40 Fieber und der Innendienst sind ausgeschlossen." Wir standen auf. Inzwischen war der Kaffee in Kannen gebracht, dann ging alles zum Appell. Der erste Appell ist der

81) Gemeint sind libysche Juden mit britischer Staatsbürgerschaft, die zunächst nach Norditalien deportiert worden waren und dann von dort im Januar und Februar 1944 nach Bergen-Belsen gebracht wurden. Da Libyen bis 1943 italienische Kolonie gewesen war, sprachen sie auch italienisch. Die Gruppe gehörte mit zu den sog. „Benghasi-Juden", die bei den geplanten deutsch-britischen Personenaustauschen eine Rolle spielten und vor dem geplanten Austausch von Bergen-Belsen in ein Internierungslager verlegt wurden. (Wenck 230 ff.)

Werkappell, von dort marschierten die Leute zu fünft aufgeteilt zur Arbeit. Um 9 Uhr war der Zählappell: Arbeitsleute, Innendienst, Klosettdienst, ältere Leute, Kinder, alles musste zum Appell. Jede Baracke stand – zu fünft auf-

■ 20: Luftaufnahme der Alliierten des Konzentrationslagers Bergen-Belsen vom 17. September 1944; auf dem Luftbild sind die Gefangenen zu sehen, die in rechteckiger Formation zum Appell stehen.

gestellt – in Reih und Glied. Der Führer der Juden war Albala[82], unser Judenältester. Für die Kinder war das Appellstehen eine Geduldsprobe. Kinder von fünf Jahren an! Oh weh, wenn jemand fehlte! Die anderen hatten dafür länger zu stehen. „Achtung, die Deutschen kommen!“ Wir standen wie auf dem Kasernenplatz. Die Deutschen gingen mit

82) Jacques Albala (geb. 1901) war im August 1943 aus dem griechischen Saloniki in das KZ Bergen-Belsen deportiert worden. Hier fungierte er als „Judenältester" des sog. Sternlagers, in das auch Änne Gröschler und ihr Mann eingewiesen wurden. Albala wird von verschiedenen zeitgenössischen Quellen als korrupt dargestellt. 1946 wurde er in Griechenland wegen Kollaboration zu 15 Jahren Gefängnis verurteilt. (Kralova 95)

Albala die Reihen entlang und zählten, dabei hatten die Männer die Mützen abzunehmen. Während wir auf dem Appellplatz standen, wurden die Baracken nachgesehen, ob alles in Ordnung war. Die Barackenleiterinnen hatten Angst genug, in den Bunker zu kommen, sie trugen die Verantwortung. Oh weh, wenn die Deutschen zurückkamen! War alles nach ihrem Sinn, wurde der Appell von Albala abgeblasen.

Oft wurde etwas moniert. Albala pfiff: „Alle Barackenleiterinnen und -leiter hier antreten!" Die Hocker waren nicht sauber, Stühle mit Lehnen kannten wir nicht. Die Betten lagen nicht gerade, Baracke 17 war schmutzig usw. Drückte sich jemand vorm Appell, wurde solange gesucht, bis er da war. Der Appell dauerte so viel länger. Kam der Pfiff „Appell vorbei!", dann war alles glücklich. Das Wichtigste war der Bettenbau. Wenn ich uralt bin, denke ich noch an den Bettenbau der Deutschen, das ist ein richtiges Studium. Die Betten hatten ganz gerade zu liegen. Eventuell konnte man Sachen unter die Matratze legen. Mäntel, Kleider durften nicht an Balken hängen, kein Essen im Campgeschirr verwahrt werden. Jedem wurde etwas Platz im kleinen Schrank eingeräumt. Nur wenig Gepäck durfte unterm Bett stehen, das Hauptgepäck musste abgegeben werden.

Die Italiener versteckten gern ihre Kinder vorm Appell im Bett. Scherzhaft sagte einmal der Kommandant zu der Barackenleiterin: „Nehmen Sie ein Messer und stecken Sie's ins Bett, dann wird der Appell wohl stimmen." Die Italienerinnen mit ihren dünnen Schuhchen und Strümpfen taten mir leid, z. T. hatten sie nackte Beine und froren sehr. Sie machten auf dem Appellplatz die malerische Gruppe. Wanda war ein rassiges Italienermädel. Jedes Mal, wenn Albala zählte, lachte er sie an. Einmal war bei den Italienern ein Kind sehr krank. Alle trauerten sie mit, sie kamen direkt in Ekstase. Ein anderes Mal war ein Geschrei und ein Jubel unter ihnen. Was ist nur mit ihnen los? Sie sind wie wild vor Freude. Sie kommen fort! Beim Backen machten sie Matzen.[83] Sie kneteten einen Teig, plackten ihn von beiden Seiten an die Ofenwand, bis er braun war. Sie nahmen stets kleine, platte Stücke, so entstanden die Matzen. Auch verstanden sie, gute Nudeln zu fabrizieren. Wenn der Teig fertig war, rollten sie zwischen den Händen kleine Nudeln. Das ging mit einer großen Fixigkeit. Und dann gingen sie fort. Dafür wurde in unsere Baracke das Altersheim gelegt.

■ 21: SS-Obersturmbannführer Adolf Haas (1893 - 1945 vermisst) war von Dezember 1943 bis Dezember 1944 Kommandant des Konzentrationslagers Bergen-Belsen.

„Achtung, ein Deutscher kommt!“ Das war schon sprichwörtlich oder: „Der Kommandant!“ In einem Waschraum, für mehrere Bara-

83) Ungesäuertes Brot, das an den eiligen Auszug der Juden aus der Knechtschaft in Ägypten erinnert. Die libyschen Juden hielten auch unter den Bedingungen der Konzentrationslager nach Möglichkeit die Kaschrut, die Speisevorschriften der Thora, ein.

cken bestimmt, war das Innere des Klosetts entzwei gemacht worden. „Achtung, ein Deutscher!" – „Wer hat das Klosett von euch ruiniert? Meldet der Täter sich nicht bis 12 Uhr, gibt es heute kein Mittagessen." Es fand sich dann glücklich ein Freiwilliger für die Missetat. Der Appellplatz war sehr groß. Seitlich lag ein Teil der Baracken, von einer Seite sah man die Krankenhäuser liegen, umgittert. Man wurde nach Barackennummern aufgestellt und bildete sozusagen ein großes Carré. Dann sah man ein großes Tor auf der anderen Seite, durch das die Leute zur Arbeit gingen. Wenn dieses Tor erzählen könnte! Mancher Mensch hatte für ein Vergehen am Tor Strafe zu stehen. Von der hinteren Seite erblickte man hinter Gittern einen Totenkopf. Überall standen erhöht Häuser mit Posten, die alles beobachteten. Stand man zu nahe am Gitter, was wohl in der Palästinabaracke in Frage kam, war das strafbar. Man war von den anderen isoliert und hätte gern mit den alten Freunden gesprochen. Manche waren so geschickt, sich durch Zeichen zu verständigen. Und doch merkte es der Posten: „Wenn es nicht aufhört, schieße ich!" Mir waren vom Lesebuch Blätter übers Gitter geweht, ich musste sie liegen lassen. Die Barackenleiterin erlaubte nicht, dass sie von einem Vorübergehenden nur herübergegeben wurden. Anliegend an die Palästinabaracke lag die Baracke der Amerikaner.[84] Sie trugen keinen Stern. Ich habe oft beobachtet, wenn die jungen Mädchen zum Zeitvertreib Gymnastik

84) Jüdische Häftlinge des „Austauschlagers", die über Staatsangehörigkeitspapiere amerikanischer Staaten verfügten.

übten. Als letzte Gruppe waren auf den Appellplatz die Diamantierer[85] gekommen. Sie wurden wegen Schonung ihrer Hände noch vor schmutziger Arbeit zurückgehalten. Manche Leute drückten sich gerne vor der Arbeit, dann wurden die aufstehenden Baracken von „Edgar"[86] energisch geprüft und einige zur Arbeit herausgefunden. Edgar, ein griechischer Jude, hatte etwas zu sagen, Krankenscheine waren oft nutzlos.

An einem Tag standen wir neun Stunden Appell. Nach einer Stunde, zwei Stunden, drei, vier, fünf, sechs, sieben, acht – stets dachten wir: Nun ist er vorbei. Der Judenälteste lief zu den Deutschen, um Gnade zu bitten. Nein. Strafappell! Warum? Das wusste keiner. Es war eiskalt. Wir hatten erfrorene Hände und Füße. Meine Nichte hatte zufällig etwas Brot bei sich. Sie gab mir ab und ich war glücklich damit, wenngleich mein Hunger damit nicht gestillt war. Nach dem Appell lief ich zu meinem Mann, dem nicht wohl war. Er sagte:„Es ist kein Leben mehr!"

Die meisten Menschen vom Frühappell arbeiteten in den Schuhen[87], es war weniger schwer als schmutziges

85) Jüdische Diamanthändler und -arbeiter, die mit ihren Familienangehörigen aus den Niederlanden nach Bergen-Belsen gebracht wurden.

86) Edgar Elias Kounio (1910 – 2000), ein Jude aus dem griechischen Saloniki; die Schreibweise des Nachnamens variiert (vgl. Arntz 664); Kounio wird in verschiedenen zeitgenössischen Quellen als korrupt dargestellt. 1946 wurde er in Griechenland wegen Kollaboration zu 8 Jahren Gefängnis verurteilt. (Kralova 95)

87) Im sog. Schuhkommando mussten Häftlinge gebrauchte Schuhe mit kaum geeignetem Werkzeug in noch brauchbare und nicht mehr brauchbare Bestandteile zerreißen.

Werk. Vor allem die lange Zeitdauer! Mittags war eben Zeit zum Essen, durch das lange Anstehen so vieler Leute war die Mittagspause noch verkürzt. Von ihrer Arbeit kommend, stürzten sie mittags in die Baracken, ihr Essen in Empfang zu nehmen. Nach der Mahlzeit ging es zum Appellplatz und von dort wieder zur Arbeit. Der Innendienst war vom Frühappell befreit, dennoch lag auch viel Arbeit vor. Ich weiß es, da ich im Innendienst beschäftigt war. Ich verstand mich gut mit meinen Damen. Wir standen ebenfalls morgens fünf Uhr auf. Wie oft hatte man sich im Dunkeln wegen Luftalarm anzuziehen! Später habe ich mich abends gewaschen. Im Beginn meiner Tätigkeit gab ich Essen aus, man beobachtete uns mit Argusaugen. Gern hätte man jedem mehr gegeben, doch wurde alles nach Litern zugeteilt. Die Ausgabe war nicht immer ruhig, es gab auch Kritikanten. Meine Hauptaufgabe war, Brot zu schneiden für die ganze Baracke. Der eine wollte einen Knust oder Scherzel, der andere ein Mittelstück. Es wurde nachher kein Unterschied mehr gemacht, sondern ausgegeben, wie die Stücke kamen. Vor den Baracken durfte kein Unrat liegen, in den Baracken musste es blitzen. Ich reinigte mit, ich fegte. Ich weiß noch, wie wir draußen die Betten schrubben mussten, die neu hinzukamen. Zuletzt standen die Betten sehr dicht aneinander, man konnte sich kaum rühren. In der Palästinabaracke[88] gab es einen Raum mit Tischen, doch war es dort so überfüllt,

88) Baracke mit Häftlingen, die über Palästinazertifikate (eine Art Anwartschaft auf die Einreise nach Palästina) verfügten oder die enge Verwandte in Palästina hatten.

dass ich am liebsten auf meinem Oberbett meine Mahlzeiten einnahm. Auf der Campwiese fand ich es wunderbar. Es kam vor, dass Essen überblieb bei der Verteilung, dann wurde es zum zweiten Mal alphabetisch ausgegeben. Das waren glückliche Tage, wenn man an die Reihe kam, sonst musste man sein Essen strecken. Ich versuchte, am Mittagessen zu sparen. Abends verwandte ich es als Brotaufstrich. „Haben Sie sich Essen verwahrt?“ – „Nein, das kann ich nicht. Ich muss meine Portion aufessen.“ Andere machten es wie ich. Eine Dame, die drei Töchter hatte, verstand es so wunderbar, alles ökonomisch einzurichten. Die hungernden Menschen begannen, Kleider oder, was sie sonst übrig hatten, gegen Brot zu tauschen. Wir tauschten auch einen Anzug gegen Brot. Wenn Kohle- oder Holzzuteilungen waren, hatte man auch diese mitzuholen. Das Ärgste war für mich, Gamellen zu schleppen. „Wenn Sie das nicht können oder wollen, müssen Sie in den Schuhen arbeiten.“ Vor der Küche, in der auch Juden arbeiteten, standen hunderte Gamellen. Diese wurden z. T. von den Damen, auch von Männern, durch das nun geöffnete Gitter herübergebracht. Dann riefen die jüdischen Essensverteiler nach und nach die Nummern der Baracken aus. Der Hauptverteiler hatte stets einen Tropfen an der Nase hängen. Die Gamellen waren zu, man hatte nichts zu befürchten. Wir bildeten dann Ketten und trugen die Gamellen in die Baracken. Am beliebtesten waren Kartoffeln. Drei Monate hintereinander gab es Steckrübensuppe, vereinzelt Wurzelsuppe, z. T. waren auch

Fleischbällchen darin gekocht. Wenn man Fleisch fand, war man glücklich, dann wurde es für abends gespart. Später gab es auch Spinatsuppen und leckere Graupensuppen. Beim Gamellenschleppen beschmierte man sich oft. Wie heruntergekommen sahen die Menschen mit ihren verdreckten Anzügen und Mänteln aus! Ich trug von meinem Mann eine braune Schlafjacke und seine Schuhe, alles, was mir am bequemsten war, die Sauce der Gamellen lief an den Kleidern herab.

[16. Febr. 1944]

Dann kam das große Unglück für mich: Mein geliebter Mann fühlte sich gar nicht wohl. Die unbequeme Reise, der weite Weg nach unserer Ankunft, die ganze Aufregung! Dann hieß es sofort morgens: „Appell! In den Schuhen arbeiten!" Als ich später mit dem Arzt sprach, sagte ich zu ihm: „Behandeln Sie bitte meinen Mann wie Ihren Vater!" Er antwortete: „Noch mehr wie meinen Patienten." Am ersten oder zweiten Februar sind wir angekommen. Am neunten kam Papi ins Krankenhaus, und am 16. Februar ist er für immer von uns gegangen. Der schlechte Februarmonat, keine Medikamente! Ich bin nur ein Laie, aber überzeugt, dass er trotz Herzkrankheit bei ruhiger, normaler Pflege noch gelebt hätte, obwohl mir der Arzt versichert hat, er wäre auch in anderer Umgebung von uns gegangen. Am Dienstagmorgen nach dem Appell lief ich schnell zu meinem Mann ins Krankenhaus. Leider musste ich sofort wieder weg. Ich wusste schon, wenn ich fragte: „Na, wie geht es dir, mein

Lieber?“ – „Nicht gut.“ Ich zitterte schon vor dem Krankenhaus. Ich versuchte Medizin zu bekommen und war sehr froh, als eine Dame mir Nitroglyzerin schenkte. Ich brachte die Medizin Frau Dr. Elsass, Frau und Herrn Dr. Elsass kannte ich von Westerburg. Mit ihr habe ich eine Zeit in der Küche gearbeitet. Sie gab sie ihrem Mann und sagte: „Das ist gerade, was ich für Ihren Mann benötige.“ Ich fragte nach Digitalis. Digitalis könne er nicht für meinen Mann verwenden. Im Camp begegnete mir Dr. Aaron, der ihn so wundervoll in Westerburg durchbekommen hatte. Ich fragte ihn auch nach meinem Mann. Er sagte zu mir: „Haben Sie Medizin?“ Ich bat einen mir befreundeten Arzt aus der Baracke: „Ihr Mann braucht Ruhe, Ruhe, Ruhe.“

Dienstagnachmittag musste ich mit vielen anderen für den ankommenden Transport Betten nachsehen, fegen usw. Gegen sechs Uhr bat ich den Deutschen, mich zu entlassen. Ein anderer, sehr gefürchteter Deutscher war sogar ganz nett zu mir, fragte mich, woher ich käme usw. Ich lief schnell zu meinem geliebten Papi. Ein anderer Kranker, der neben ihm lag, fütterte ihn mit Brot. Ich erzählte ihm, dass ein neuer Transport gekommen sei, und zählte verschiedene Namen auf. Er sagte zu mir: „Sie kommen alle und ich gehe kaputt dabei.“ Ich überlegte noch mit dem Herrn, der meinem lieben Mann zu essen gegeben hatte, ob ich nicht doch zur Pflege ins Krankenhaus kommen könne. Da noch keine Besuchszeit war, riet man mir wieder fortzugehen. Nach kurzer Zeit kam ich zurück, eine Dame suchte noch nach Medizin für Papi.

Aber ich hatte keine Ruhe und lief wieder ins Krankenhaus. Vor dem war Vetter Blumenthal eben bei ihm gewesen und fragte: „Wo ist Änne?“ Papis Antwort: „Sie kommt gleich zurück.“ Ich sagte zu Papi: „Was guckst du so komisch?“ Mit einem Mal sah ich, dass ihm nicht gut wurde. Der Doktor! Der Doktor! Eine Schwester fragte noch: „Lassen Sie sehen.“ Dann kam der Doktor. Ich: „Er hat noch Medizin!“ Zu spät. Papi, unser geliebter Papi, legte sich auf die Seite für immer. Ich nahm dem Geliebten noch die Zähne aus dem Mund. Ein weißes Tuch wurde über den geliebten Mann gezogen, Schames[89] gesagt. Und ich stand allein wie ein verlassener Mensch in der Wüste. Frau Dr. Elsass fasste mich unter den Arm und führte mich zu Ihrem Mann, sie wollte mich begleiten. Dann lief ich allein in meine Baracke.

Dort wussten sie schon von meinem Elend. Frau Dr. Flöhrsheim nahm mich unter den Arm und brachte mich ins Bett. Ich war starr, ich glaube, mein Verstand stand still, wochenlang, noch heute kann ich kaum weinen, bin innerlich erstorben, gelähmt von dem Schrecken. Keinem Kind, keinen Geschwistern Bericht geben. Allein! Am anderen Morgen wollte ich meinem Geliebten die letzte Ehre erweisen. Frau Dr. Elsass sagte zu mir: „Gehen Sie nach Hause, es ist besser für Sie.“ Nachmittags um vier Uhr ist unser geliebter Papi in einen Leichenwagen gelegt worden, vom Arzt und den Schwestern bis zum Tor begleitet. Rabbiner Dasberg hatte zufällig draußen zu tun und ging einige Schritte mit. Dann fuhr der Wagen un-

89) Jüdischer Segensspruch

begleitet weiter. Wohin? Man sagt, seine Gebeine seien verbrannt worden. Das ist der Mensch!

Das war unser Papi, Vater unserer Kinder, der in meinem Leben eine so große Rolle gespielt hat. Die schweren letzten Jahre haben uns so aneinander gekittet, denn was verbindet mehr als gemeinsames Leid? Trotzdem hatten wir auch Freude, versuchten, das Beste aus allem herauszusuchen. Er war ein prachtvoller Mensch, hat uns keinen Wunsch versagt. Er hat als Vorstand für die Gemeinde gewirkt, für den Stadtrat gearbeitet. Er ist im Krieg 1914 gewesen und doch hat man ihn aus Deutschland herausgetrappt. Das Nazi-System liegt schon in dem oft gesungenen Lied „Wenn's Judenblut vom Messer spritzt." Kinder und Kindeskinder müssen es wissen, was diese Mörder uns angetan haben. Ein großes Volk, vom Fanatismus gepackt, hat seinen Mörder zum Gott erhoben. Lügen sind für sie zu Wahrheiten geworden, Propaganda wurde in ungeahnten Mengen in christliche Schulen verzapft. Etwas Grausameres als dieses System hat es in der Weltgeschichte noch kaum gegeben. Gott der Rache, komme herab und mache dieses Getier im Menschen unschädlich! Ich schreie für alle Gefangenen nach Freiheit. Was Freiheit ist, weiß nur, wer gefangen war. Ich habe oft an Dreyfus[90] gedacht, ein einzelnes, früheres Judenschicksal.

90) Der französische Offizier Alfred Dreyfus (1859 Mülhausen – 1935 Paris) kam 1895 wegen angeblicher Spionage in lebenslange Einzelhaft in tropischer Verbannung. Später stellte sich heraus, dass das Urteil wegen antisemitischer Vorurteile zu Unrecht ergangen war, und Dreyfus wurde rehabilitiert. Die Affäre erschütterte Frankreich über Jahre hinweg zutiefst.

Ich will nicht, dass meine Lieben sich zu sehr der Trauer um unseren geliebten Verlorenen hingeben, im Herzen werden sie ihm ein Denkmal setzen. Beim Vergegenwärtigen seines Charakters denkt man viel an Frohsinn. Trotz früher sorgenloser Jugend haben die Kinder viel Schweres erfahren. Mögen sie die Sonnenseite des Lebens noch kennen lernen! Ich selbst habe im Elternhaus mit meinen Eltern gelitten um den Tod meiner jung verheirateten, geliebten Schwester, die kaum ein halbes Jahr zuvor in Südafrika in Krugersdorp getraut worden war.[91] Um meinen ältesten Bruder, der mit Hingebung für sein „Vaterland" im Weltkrieg gekämpft hat und 1917 als Offizier gefallen ist. Ich fuhr zum Trost zu meinen geliebten Eltern, obgleich ich in Kürze ein Baby erwartete. Ein Unteroffizier kam mit dem Helm meines geliebten Bruders und seinen sonstigen Sachen. Er brachte Grüße vom Hauptmann mit dem Dank fürs Vaterland. Mein lieber Mann stand auch im Felde. Nie vergesse ich, wie ich später mit meinem Mütterlein und meinem Mann das Grab meines Bruders in Dixmünde[92] gesucht habe. Da! Wir hörten ein herzzerreißendes Schreien, meine Mutter selbst hatte das Grab gefunden. Blumen lagen auf dem Grab. Eine Freundin von uns hatte sie hingelegt. Ein zwitscherndes Vögelchen saß auf dem Soldatenkreuz. Wie gut, dass meine Eltern heute den ewigen Schlaf schlafen! Diese Zeit ist über sie hinweggegangen.

91) Käthe Steinfeld (1886 Osnabrück – 5. Juli 1911 Krugersdorp in Mogale City bei Johannesburg).

92) Felix Steinfeld (1885 Osnabrück – 22. Juli 1917); Diksmuide, franz. Dixmude.

Nachdem ich etwas mit meinem Inneren zurecht kam, habe ich mich in die Arbeit gestürzt. Ich hatte die Hände voll zu tun, so dass ich keine Zeit finden wollte, an mein Los zu denken. Ich wurde vor die deutsche Behörde geladen, noch eine Dame, die auch ihren Mann verloren hatte, kam mit mir. Ein Soldat begleitete uns. „Setzen Sie sich!" Er fragte und ich hatte die verschiedenen Familienangaben zu machen. Ich bat um den Totenschein, ich erhielt ihn aber erst vor unserem Palästinatransport. Es wurde mir nicht gestattet, Kinder oder Geschwister zu benachrichtigen. Auf dem Rückweg war ich in Gedanken und wollte gerade durch ein Tor gehen, wo die politischen Gefangenen sind. Ein Offizier oder Oberster rief: „Sperrt sie doch ein. Das ist das Beste!"

An einem Schreibtag versuchte ich, doch eine Karte zu schreiben, ich erhielt die Karte zurück. An einem anderen Schreibtag schrieb ich: „Abs. Ww. A. Gr."[93] Es stand sonst fast nichts auf der Karte, vielleicht hat sie ihren Bestimmungsort erreicht. Noch nie habe ich ein solch großes Sterben unter den Männern erlebt wie in Celle-Bergen. Keine richtige Medizin, nicht die richtige Versorgung, Unterernährung, die Trostlosigkeit unserer Lage. Wie oft sahen wir auf dem Appellplatz den Leichenwagen warten, um wieder Tote zu Grabe zu tragen! An einem Sabbat war eine Gedenkfeier für all unsere Lieben, die für immer von uns gegangen sind. Leider lag ich damals, an Grippe erkrankt, im Krankenhaus.

93) Ww. – Abkürzung von Witwe.

„Alles muss antreten zum Baden!" Es war gleich, wie man gerade beschäftigt war, man hatte blind zu gehorchen. Wir Frauen trafen uns am „Heck", stellten uns wie stets zu fünft auf. Ich glaube, wir zählten wohl das letzte Mal hunderte Frauen, wir warteten, wir warteten. Endlich öffnete der Torhüter das Heck. Ein oder zwei Soldaten führten uns. Wir gingen durch das Tor, immer zu fünft, ein Bild für den Film oder für van Gogh. Unterwegs sahen wir, dass auch Land bebaut war. Es begegneten uns Soldaten, Offiziere, ein Auto. Nach ca. einer viertel Stunde waren wir am Ziel. Erst wartete man draußen, bis man Eingang fand.

Vor der Baracke stand ein Schild „Entwesungsanstalt".[94] Dann fanden wir Einlass, ein Soldat empfing uns. Wir befanden uns in einem großen Raum, in dem auch Ständer zum Kleideraufhängen waren. Bei der Überfülle von Frauen legte ich meine ausgezogenen Sachen am liebsten auf die Erde. Dann standen wir „nackt" in Reihen, viele Damen hatten ein Handtuch um, vereinzelt einen Bademantel an, viele waren nackt, ich zog eine Kittelschürze an. Im Beginn, im Februarmonat, habe ich gezittert vor Kälte. Auch italienische Frauen standen neben uns. Eine korpulente Frau war ein direktes Ungetüm, für Geld hätte sie sich sehen lassen können. Die Arme hatte sich nicht selbst geschaffen, ich sehe noch die großen, entsetzten Kinderaugen, die diese Frau anstarrten. Ein Pfiff – die ersten

94) Gemeint ist die sog. Entlausung, in dieser Baracken-Station waren auch Duschen installiert.

gingen in den Duschraum. Ein deutscher Soldat hatte die Wache, mir stieg die Schamröte ins Gesicht. Auch daran gewöhnte man sich. Dann hörte man: „Raus!" Ein schriller Pfiff, die zweite abgezählte Gruppe ging in den Duschraum. Die Ersten defilierten pudelnass an uns vorbei, sich wieder anzuziehen. Im Duschraum waren viele Duschen nebeneinander. Man konnte erleben, mit vier Personen unter einer Dusche zu stehen. Manche brutale Frau hat in unangenehmer Weise ihren Platz behauptet. Ich persönlich empfand die heiße Dusche, die ich über meinen Körper laufen ließ, wunderbar. Man fühlte sich von Kopf bis Fuß sauber. Nun wieder: „Raus!" – Pfiff: „Die Nächsten!" Man durfte nie einen Deutschen ansprechen. Einmal sprach mich ein Soldat an: „Ihr sprecht wohl alle russisch miteinander." Ich sagte ihm, ich könne kein Wort, wir sprechen alle Deutsch und Holländisch. Ein anderes Mal, als ich der letzten Gruppe angehörte, wurden wir mit preußischem Drill herausexpediert. Man stand wieder zu fünfen und ging, an Posten vorbei, zurück in die Baracke. Bei gutem Wetter war der Weg sehr schön. Für Reinlichkeit waren die Deutschen sehr: Unsere Körper, das Haar, die Kleider, alles wurde nach Ungeziefer untersucht, man stand reihenweise. Leider wurden bei manchen Kleiderläuse gefunden, auch sonst wohl Ungeziefer, Flöhe hopsten lustig herum. Ein Mädel aus der Hachscharah[95] hatte letzthin eine Maus im Bett. Dann hielt die Bara-

95) Ursprünglich die systematische Vorbereitung von Juden für die zionistisch motivierte Auswanderung nach Palästina, die meist auf landwirtschaftlichen Gütern stattfand.

ckenleiterin wieder die Reden: „Damen, bitte kein Brot im Bett. Damen, bitte nichts an die Betten hängen. Die Betten sehen mal wieder schändlich aus."

Luftalarm. „Alles in die Baracken! Können Sie nicht hören, dass Sie in die Baracken zu gehen haben?" Wie oft, wenn man sich gerade auf dem Appellplatz aufgestellt hatte, hieß es: „Luftalarm!" Dann rannte alles. Hing Wäsche an der Leine, nahm man sie schnell ab. Zu unserem Schutz liefen wir in die Baracken. Manche Gedanken begleiteten die Flieger, die rudelweise über unseren Köpfen flogen, lange Streifen am Himmel ziehend. So schön waren die Farben des Himmels, der mir so nahe war. Nach Regenwetter sah man den Regenbogen in seinen violett blau geschmückten Farben, wie vom Maler entworfen. Wir waren in der Baracke. Ein Luftkampf: „Knack, Knack", Schrapnelle fliegen in die Baracke. Oh, Entsetzen! Die Kinder schreien, viele werfen sich hin, wir alle waren erschreckt. Da, im Schlafraum ist eine junge Frau, eine bildhübsche Krankenschwester, getroffen. Schnell der Arzt! Sie wurde ins Krankenhaus gebracht und operiert, und doch ist sie ihren Verletzungen erlegen.[96] Es war eine tiefe Trauer: Ihre Mutter stammte mit meinem Mann aus einem Ort. Mor-

96) Wahrscheinlich bezieht sich diese Schilderung auf den 8. April 1944, als am Samstag des Pessachfestes ein Beschuss durch englische Tiefflieger erfolgte. Eine Baracke mit Ausrüstungsgegenständen für das Militär im Arbeitsbereich geriet in Brand. Andere Quellen sprechen von mehreren Opfern; vgl. Samson 295 ff. und Laqueur 26. Nach Recherchen von Claudia de Levie, Israel, handelte es sich bei der umgekommenen Krankenschwester um Hildegard Isacson geb. Philipps.

gens erzählte sie mir noch: „Wie würde sich meine Mutter freuen, wenn sie wüsste, dass wir hier in dieser Baracke zusammen wären." Meine Arbeit ging fort, mit zitternden Händen schnitt ich das Brot für die Baracke weiter.

Kleine Kinder sind allein mit dem Transport nach Polen gekommen oder Eltern allein, beim nächsten Transport die Kinder. Waren die Eltern in Holland allein untergetaucht, haben sie ihre kleinen Kinder extra einer Pflege übergeben. Sind diese Kinder von der Polizei gefunden worden, kamen sie allein auf den Transport. Bei dem Palästinaaustausch waren auch Babys, unter anderem ein kleines Mädchen von fünf Jahren. Die Eltern von dem Kind sind allein nach Palästina ausgewandert; das Kind war damals sehr krank und musste zurückbleiben. Eine Dame übernahm die Pflege und durfte es jetzt nach Jahren den Eltern zuführen. Diese Vizemutter war aber zuerst vom Palästina-Transport zurückgestellt worden. Die Dame fragte: „Wer will dieses Kind verpflegen?" Eine Familie mit drei Kindern nahm es hinzu. Der Vizemutter gelang es, für eine andere Dame, die freiwillig zurückblieb, zum Transport zurückzukehren.[97]

Eine junge Frau erhielt die Nachricht, ihr Mann sei gestorben. Der Mann war wie jeden Morgen zur Arbeit

97) Nach Hermann 78 geschah das kurz vor dem tatsächlichen Transport. Die Eltern von Mindel Färber (geb. 1939 Düsseldorf) waren 1939 nach Palästina emigriert und hatten wegen des Kriegsbeginns ihre Tochter nicht mehr nachholen können. Die Pflegemutter Clara Asscher-Pinkhof (1896 Amsterdam – 1984 Haifa) wurde durch ihr Jugendbuch „Sterrekinderen" von 1946 (deutsch „Sternkinder", 1961) sehr bekannt.

gegangen. Ob er versehentlich hinter den Stacheldraht gegangen ist? Er muss vom Posten angeschossen worden sein. Eine Dame und ihr Mann hatten einen Selbstmordversuch gemacht, sie ist noch gerettet worden. Ein Freund meines Mannes hat sich noch in Deutschland erhängt, das Zertifikat für seine Frau und ihn war von Amerika unterwegs. Er musste sich die Woche allein für Polen bereithalten. Er versuchte, bei der deutschen Behörde noch Aufschub zu erhalten, es war nutzlos. Es war in Holland: Ein Bekannter hatte eine kranke Frau, die Tochter, die die Mutter besucht hatte, musste zurück nach Deutschland. Dann ist die Tochter mit ihrem Mann illegal über die Grenze zurück nach Holland geflüchtet. Der Mann ist über die Grenze gekommen. „Heda, Sie, was machen Sie?“ Die Frau ist angehalten, festgenommen und ins Gefängnis gebracht worden. Dort ist sie gestorben, sie war eine reizende, junge Frau. Die Mutter, die auch inzwischen verschieden ist, hat es nie erfahren. Wo sind sie alle, unsere Freunde, Lieben und Verwandten? Ein ganzes Heer ist fortgegangen. Es ist der Weg in die Finsternis. Was heißt Rasse, was Religion? Es gibt nur Menschen edler oder schlechter Regung.

Fast alle Holländer waren den Deutschen feindlich gesinnt, sie hatten sich in den Deutschen getäuscht. Die NSB hatte es nicht leicht, in Holland Fuß zu fassen. Es war z. T. so ein Hass gegen alles, was „deutsch“ war. Selbst manche holländischen Juden hegten Abneigung gegen deutsche Juden. Sie glaubten, wir hätten den Antisemitismus von Deutschland exportiert. Ich habe viele Debatten darüber miterlebt. Sie begriffen nicht den Kernpunkt der Frage. Andererseits hat der größte Teil der holländischen Juden den deutschen Juden beigestanden, in reichem Maße auch die holländischen Christen. Das werde ich nie vergessen. Machte ich in Holland Besorgungen, war ich froh, meinen Stern zu tragen. Mit meiner deutschen Aussprache wurde ich als gekennzeichnete Jüdin liebevoller bedient.

Wir hatten auch Künstler unter uns. Ein Komponist, ich glaube, er hieß Krieg, hat den Kindern in reizender Weise hebräische Lieder beigebracht. „Noch einmal, noch einmal!" hieß es bei der Probe. Freitagabends wurden die Lieder dann frisch gesungen. Ein Maler zeichnete das bunte Barackenleben. Mit Interesse habe ich es mir in meiner knappen Zeit angesehen. In der Palästinabaracke war ein Buch ein Ereignis. Zufällig hatte ich den „Klosterjäger" von Ganghofer[98] bei mir. Ich konnte es glücklicherweise austauschen. „Frau Gröschler, Sie haben ein Buch? Woher haben Sie es? Können Sie es mir mal leihen?" - „Ach, Frau Gröschler, mein Mann dürstet nach einem Buch." Oder: „Wenn Sie es nicht lesen, dürfte ich es mal für ein Stündchen haben?" Ich habe mich endlich versteckt hingesetzt, um zu lesen. Man hatte einfach keine Ruhe. Ein Dame sagte zu mir: „Verkaufen Sie mir bitte das Buch." Ich habe einige gute Bücher im Tausch gelesen. Zuletzt habe ich mein treues Buch liegen lassen.

98) Ludwig Ganghofers Erfolgsbuch „Der Klosterjäger: Roman aus dem 14. Jahrhundert" erschien zuerst 1892.

In der Palästinabaracke nahmen sehr viele hebräischen Unterricht, auch englische Stunden. Dort hatte man mehr Zeit, da man nicht so zu arbeiten brauchte. Wie gern denke ich an die feierlichen Abende in unserer Palästinabaracke zurück! Mit welcher Inbrunst wurde der Gottesdienst abgehalten. Mit welcher Hingebung hörte man Vorträge von Professor Lewkowitz[99] und manchen anderen an. Wenn der Freitagabend seinen Einzug hielt als Vorabend des heiligen Sabbat, so war mir, als wenn die Gesichter der Religiösen einen ganz anderen Glanz erhielten. Es kam der Sabbat, dem Ewigen zu Ehren. Erst war Gottesdienst. Herr O. machte dann Kiddusch. Jeder am Tisch, auf dem eine Decke lag, hatte ein Tellerchen mit etwas Brot vor sich stehen für Broche[100]. Dann hielt Herr Asscher[101] eine kleine Ansprache und die Mädels von der Hachscharah sangen hebräische Lieder. Innerlich habe ich den Optimismus vieler Juden bewundert. In einer anderen Baracke hielt ein Neffe von mir den Freitagabend ab. Purim kam in eine Baracke: Um einen großen Tisch saßen viele Kinder, mit Märchenaugen sahen sie ihre Barackenleiterin an, die ihnen die Geschichte von Esther und Mordechai

99) Albert Lewkowitz (1883 Georgenberg i. Oberschlesien – 1954 Haifa), philosophischer und pädagogischer Autor und Hochschullehrer in Breslau und Amsterdam; Hauptwerk „Das Judentum und die geistige Situation des 19. Jahrhunderts", Breslau 1935.

100) Kiddusch – Segensspruch am Sabbat; Broche (jiddisch für Bracha) – Brotsegnung.

101) Joseph Asscher (1886 Amsterdam – 1976 Tel Aviv).

erzählte.[102] Ein rührendes Bild! Ich vergaß ganz die Baracke und atmete einen Hauch von häuslichem Leben.

102) Geschichte über die Rettung der Juden im alten Persien vor ihrer geplanten Ermordung. Das Purim-Fest erinnert daran mit fröhlicher Stimmung und karnevalistischen Zügen, dabei spielen Kinder eine große Rolle. Purim lag 1944 vom 8. auf den 9. März.

6. KZ Bergen-Belsen
- 26. April bis 30. Juni 1944 -
Die Zeit vor dem Palästina-Austausch

„Alles, was Palästinapapiere hat, muss auf dem Appellplatz erscheinen!" Es war der 26. April, unser Hochzeitstag. Es war ein aufregendes Bild. Der Kommandant[103] mit seinem Stab, die Kommission, alles war vertreten. Wir alle waren sehr aufgeregt. Sollten unsere Wunschträume in Erfüllung gehen? Dann wurden wir einzeln aufgerufen. Wer an der Reihe war, hatte „Hier!" zu rufen und sich seitlich zu stellen. Ärzte und Schwestern wurden ausgesucht. Die Nichtpalästinenser, unsere anderen Barackeninsassen, waren z. T. zur Arbeit oder standen getrennt von uns Appell. Die Baracken waren, bis auf die Leiter, leer. Wir standen nun, bis alle aufgerufen waren. Als das beendet war, sagte der Oberscharführer: „Sie gehen alle in Ihre Baracken, packen Ihre sämtlichen Sachen zusammen und haben in einer viertel Stunde wieder hier auf dem Appellplatz zu stehen." In dieser Aufregung rannte ich wie besessen in die Baracke. Ich bat Frau Mererfeld, die eine Leiterin, mir zu helfen. Auch die

103) SS-Obersturmbannführer Adolf Haas (1883 Siegen – verschollen 1945).

anderen beanspruchten Hilfe. Ich schmiss alles in meine Koffer und Rucksäcke, einfach fieberhaft. Ich ließ auch etwas zurück, ich weiß selbst nicht, wie ich fertig geworden bin. Etwas länger dauerte es als eine viertel Stunde, dann rannte ich wieder zurück. Ein alter Herr achtete auf mein Gepäck, das ich teils selbst nach dem Platz geschleppt hatte. Ich war fertig und stand zur Zeit auf dem Appellplatz. Es war strengstens untersagt, mit unseren bisherigen Barackeninsassen in Berührung zu kommen, viele Freunde winkten uns von weitem zum Abschied zu. Dann wurden wir zu fünfen aufgestellt und liefen in die Baracke 10. Dort war nun unser Reich. Ein Barackenbett wurde uns auch zugewiesen.

Das Essen war genau wie in der früheren Baracke, Arbeit war nicht viel. Die Barackenleiter hatten die Verantwortung für Sauberkeit, guten Bettenbau, Essenverteilung usw. Die Leiter hatten am meisten zu tun. Die Hachscharah-Mädchen putzten, sorgten für Reinlichkeit der Baracke und des Klosetts. Wer mit seiner Familie gesund in der Baracke 10 war, in der Hoffnung, nach Eretz[104] zu kommen, konnte froh sein. In den drei Wochen fühlte ich mich gesundheitlich wohl, es war eine Erholung. Jeden Tag war Appell, es war aber alles milder, es war schnell abgelaufen. Wir hörten unter uns hübsche Vorträge, wir lernten Sprachen, das heißt, wer dazu Lust hatte. Man ging auf unserem Appellplatz mal spazieren, man nähte für sich, stets war man beschäftigt, das Essen spielte eine große Rolle. So verging die Zeit.

104) Eretz Israel (hebr.); wörtlich übersetzt: das Land Israel.

Nach drei Wochen berichtete uns dann der Kommandant, wir müssten uns für unsere Reise bereit halten. Das war eine Freude, ein rasender Jubel. Ein Teil der Palästinenser[105] wurde vom Transport ausgeschlossen, alle betreffenden Namen wurden aufgerufen. Ihre Namen standen nicht auf der Liste, die dem Kommandanten fertig von Berlin zugeschickt worden war. 40 Kilo oder 40 Pfund waren erlaubt mitzunehmen. Wir packten. Das Packen war eine Arbeit: „Was nehmen Sie mit? Was ziehen Sie an? Was behalten Sie bei sich im Camp?" Die Coupés waren auch eingeteilt. So viele Personen in einem Wagen! Eine Dame sah ich während des ganzen Aufenthaltes nur mit ihrem Gepäck beschäftigt. Schließlich war alles bereit, wir hatten gepackt. Viele Damen wuschen sich noch abends die Haare. Mit Freuden wurde alles getan, alles war voller Fiebertätigkeit. Nun standen wir reisefertig, das Gepäck ging der Reihenfolge nach, z. T. war es schon draußen zum Wiegen.

Der Barackenleiter kommt: „Damen, ich habe gerade von den Deutschen Bericht erhalten: Die Reise ist auf unbestimmte Zeit verschoben."[106] Das hat wie eine Bombe eingeschlagen, die Sonne war von uns gewichen, der

105) „Palästinenser" meint hier die Gruppe der 272 zunächst für den Austausch bestimmten Personen, die, vom restlichen Teil des „Sternlagers" durch Stacheldraht getrennt, ab dem 26. April 1944 unter besseren Bedingungen untergebracht waren. Am 28. Mai 1944 wurden 50 Personen herausgenommen, die in die Baracken des „Sternlagers" zurückkehren mussten. (vgl. Wenck 224, Hermann 68).

106) 1. Juni 1944; die Rückverlegung in das „Sternlager" erfolgte am 5. Juni 1944.

Himmel fiel auf die Erde. Was war der wahre Grund? Technische Schwierigkeiten? Keiner wusste es. Wir kannten Enttäuschungen, wir fanden uns mit unserem Schicksal ab. Der Kommandant ist noch mal selbst gekommen und hat es sehr bedauert!? Wir blieben in der 10, ein Hoffnungsstrahl, weil wir noch isoliert waren. Und doch! Eines Morgens kommt Befehl: „Alles geht zurück nach der gegenüberliegenden Seite!" Wir kamen nicht in die elfte Baracke zurück, galten aber noch als Palästinenser und wurden in der 13. untergebracht. Wir nahmen mal wieder unser Gepäck und wanderten in die 13. Wir durften wieder mit den anderen sprechen. Im Allgemeinen bedauerte man uns. So viele Hoffnungen zerstört! Die meisten hatten so viel mit ihrem eigenen Schicksal zu tun, dass schnell alles vergessen wurde. Appell stehen, Arbeit verrichten, allmählich fing das alte Leben wieder an. Viele arbeiteten in den Schuhen, viele in den Seidenraupen, es wurden Fäden aus Raupen gezogen. Andere arbeiteten in der Küche, in der Kleiderkammer, im Außendienst. Ich hatte Glück, dieses Mal war ich der Nähecke zugeteilt. Wir alle mussten früh aufstehen und waren voll beschäftigt. Besonders gab es für die „Arbeitenden" zu nähen, die selbst für sich keine Zeit fanden: flicken, Strümpfe stopfen und flicken. Das Garn lieferten die Leute selbst dazu. Ich musste lachen: Ein Herr gab mir Stickgarn zum Nähen, man verwendete eben alles. Einem alten Herrn habe ich Schlipse repariert. Er bedankte sich überglücklich für seine „neuen" Schlipse. Ich nähte gern, weil die Leute dankbar waren.

Jeden Tag kam eine Dame zur Kontrolle. Meine Nähkolleginnen waren reizende Damen.

Eines Tages begegnete mir Herr Krieg im Camp. Er war in Amsterdam die rechte Hand von Cohn, der in Holland für alle jüdischen Fragen gezeichnet hat. „Wie geht es Ihnen, Frau Gröschler?“ Er sprach so lieb von meinem Mann, den er gut gekannt hat. „Sie sollen sehen: Alle Palästinenser kommen nach Laufen“.[107] Am selben Abend rief mich ein anderer Herr aus der Baracke zu sich: „Ich habe aus bestimmter Quelle erfahren, dass die Palästinenser fortkommen.“ So viele Berichte waren mal wieder im Umlauf. Die Sache „Laufen“ erzählte ich meiner Barackenleiterin Frau Pick und ihrem Mann. „Es ist ausgeschlossen, Frau Gröschler, wir sind über alles orientiert.“ Meistens war irgendetwas wahr an den Gerüchten, ich hoffte mal wieder.

[29. Juni 1944, ca. 6.00 Uhr morgens]

Am folgenden Morgen kam der Barackenleiter Dr. Taubes[108] zu uns. Er sprach sehr langsam und überlegt: „Es besteht die Möglichkeit, dass sich unsere Reise nach Eretz bewahrheitet. Die Arbeitenden gehen heute nicht zur Arbeit.” Ein Jubel durchbrauste die ganze Baracke, eine wahnsinnige Aufregung bemächtigte sich unser, fieberhaft wurde gepackt. Draußen brachte man alle Tische hin. Unser fertiges Gepäck trugen wir dorthin, deutsche

107) Internierungslager für britische und amerikanische Staatsangehörige in Süddeutschland.

108) Dr. Israel Taubes (1887 Sloboda)

Soldaten mussten es untersuchen. Dann wurde es gewogen, sie hatten unheimlich viel Arbeit mit uns. Lange, lange hatte ich zu warten, bis ich an die Reihe kam, endlich war ich so weit. Er hat bei mir alles nachgesehen. Ich packte es so schnell wie möglich in die Koffer. Inzwischen sah er meine Papier durch. Ich will aufpassen, dass er meine wichtigen Papiere nicht zerreißt. Ich höre auf und sehe, dass er alle Rote-Kreuz-Briefe zerreißt.[109] Wo ist mein Zertifikat? Um Gotteswillen, es ist auch zerrissen, mein Originalzertifikat. Wie kommt es nur? Ich war entsetzlich aufgeregt, kroch unter den Tisch, unter die Überkante, was streng verboten war, um alle zerrissenen Stücke wieder aufzuheben. Mit einem Mal schrie ein höherer Offizier: „Was will die alte Ziege hier?" Ich war nicht ängstlich, machte ihm vom Zertifikat Meldung. Dann war er sehr entgegenkommend, vielleicht hatte er die „alte Ziege" auch für älter gehalten, bevor er sie sah.

Alle Frauen standen schon zum Abmarsch bereit. In der Eile habe ich noch vieles zurückgelassen, man ließ mich noch eben in die Baracke hinein, alles in Hetze. Ich rannte dann schnell zu den aufgestellten Frauen, die wie gewohnt zu fünft standen. Eine Frau hat den ganzen Weg auf eine andere geflucht. Sie war einer verheirateten Frau bei ihrem Gepäck behilflich gewesen. Ihr eigenes Gepäck musste sie als alleinstehende Frau den Deutschen überlassen. Den Frauen, die nur auf sich angewiesen waren, sollte eigentlich zuerst geholfen werden.

109) Briefe und Aufzeichnungen sollten Deutschland nicht verlassen.

Wir marschierten los, vorsichtshalber habe ich wieder allerhand Kleider übereinander gezogen, und es war mir entsetzlich schwül. Wir durften nichts bei uns haben. Streng verboten! Einige hatten doch etwas zu essen mitgenommen. Den Beginn des Weges kannten wir, er führte uns zum Baden. Dieser war etwas weiter, und wir wurden in einer großen Halle untergebracht. Wir waren entsetzlich abgespannt, legten uns z. T. auf den Fußboden, setzten uns, wo man Platz fand. Ich saß auf einem kleinen Holzbrett, bei jeder Bewegung dachte ich: „Gleich liegst du hier." Ein Wägelchen fuhr vor, eine echte Deutsche stieg aus. Wir hatten uns der Reihe nach einer Leibesvisitation zu unterziehen. Es gab wie überall wieder Frauen, die sich vordrängten. Mir war schwül mit meinen drei Mänteln übereinander und den Kleidern. Man sieht, wie misstrauisch wir geworden sind. Nun kam ich an die Reihe, Gott sei dank ging alles glatt. Die Frau war zu allen sehr nett. Ob sie etwas gefunden hat bei den anderen? Ich weiß es nicht. Ich war fertig, ich hatte schrecklichen Hunger und leider nichts bei mir. Frau Professor Lewkowitz gab mir etwas Brot ab. Sie war reizend zu mir wie viele andere. Später wurde Brot und Weichkäse verteilt.

Der Kommandant kam. Ich trat wegen meines zerrissenen Zertifikats an ihn heran. „Sorgen Sie sich nicht, die ganze Liste mit Ihrem Namen dabei liegt fertig in Istanbul." Mir fiel ein Stein vom Herzen. So viele Damen fragten mich: „Frau Gröschler, was hatten Sie nur mit dem Kommandanten?" Nun erschienen auch alle

Männer, nachdem auch bei ihnen das Gepäck untersucht und gewogen war. Wir waren alle sehr, sehr müde. Auch dieser abwechslungsreiche Tag ging dahin. Barackenbetten gab es nicht, wir lagen alle auf dem Fußboden. Mit meinem Schlaf war es nichts. Nachts um drei Uhr standen wir bereit. Unser langer Zug ging, zu Fünfen unter Begleitung der Deutschen aufgestellt, zu Fuß durch Celle[110], die Kranken wurden gefahren. Wir gingen fort. Für uns, die wir seit langem nur hinter Stacheldraht zu sein gewohnt waren, war dieser Morgenspaziergang in die Freiheit unvergesslich. Wie atmete ich die herrliche Waldluft. Wie begrüßte ich mit innerem Jubel die aufgehende Sonne! Es kam mir zum Bewusstsein, wie schön die Welt sein könnte. Die Farben des Himmels, das Grün der Tannen, die allgemeine Stille! Nun hörte ich die Tritte unserer Menschen. Die wunderbare Morgenluft. Alles, alles stürzte auf mich ein. Ich gönnte es mir nicht. Warum solltest du, lieber Mann, es nicht miterleben? Die vereinzelten, harten Worte des deutschen Soldaten verschreckten mich aus meinem Sinnen. Nun kamen wir der Stadt nahe. Ich sah kleine Geschäfte, kleine bürgerliche Häuser. Mir war seltsam zumute. Ein hartes Wort: „Runter vom Bürgersteig!“ klang in unseren Ohren. Wir gingen, gingen. Mein Brot, das wir vorher noch von den

110) „Celle" bezeichnet hier die gesamte Region, die Kreisstadt selbst liegt ca. 24 km entfernt vom Lager. Die Abfahrt erfolgte nicht von der Eisenbahnrampe des Truppenübungsplatzes Bergen-Hohne, da Änne Gröschler von „Stadt", „Häusern" und „Bürgersteig" spricht. Auch Hermann 84 und Mainz 173 berichten z.T. detailliert von einer vor Erreichen des Bahnhofs durchquerten Ortschaft und nennen den Bahnhof „Bergen" bzw. „Bergen-Belsen".

Deutschen empfangen hatten, hielt ich krampfhaft im Arm. Nach zwei bis zweieinhalb Stunden langten wir endlich am Bahnhof an, unser Gepäck lag schon dort. Einige Damen standen dort mit modernen Hüten, eigenartig, eine andere Welt. Ich fand sie verrückt aussehend und sie sicher uns. Der Kommandant! Er stand dort mit mehreren Offizieren und den Herren der Kommission.[111] Ich war froh, als ich beim Gepäck mein Handgepäck sah. Oh, dachte ich, das ist fein, das nehme ich mir mit ins Coupé. Außer dem Brot hatte ich nichts bei mir. Einige Vorwitzige suchten sich verbotenerweise ihr Gepäck schon aus. Der Kommandant sah es, er war wütend. Er verbot uns nun, überhaupt etwas mit ins Coupé zu nehmen. So musste ich mich so behelfen. Ich dachte an meine früheren Palästinareisen[112] als elegante Frau mit großen Koffern. Es ging auch so.

111) Die Kommission bestand aus dem Legationsrat Dr. Johann Yvo Theiss, dem zuständigen Referenten des Auswärtigen Amts, Philippe Aubert de la Rue, dem Gesandten der Schutzmachtabteilung der Schweizerischen Gesandtschaft in Berlin, sowie Polizeirat Wilhelm Merkel und weiteren Polizei-Offizieren aus Berlin. Nach Oppenheim 142 u. 151 begleitete die Kommission den Austausch erst ab Wien, Wentz 226 geht von einer Begleitung ab Bergen-Belsen aus. Sicher erscheint, dass Aubert de la Rue erst in Wien dazukam. Außerdem ergänzten ab Wien zwei nichtjüdische Rot-Kreuz-Schwestern die seit Celle die Kranken betreuende Ärztin Dr. Edda Lea Kruskal (1910 Berlin – 1989 Jerusalem) und die Krankenschwester Elisabeth Polak.

112) Das Ehepaar Gröschler hatte im Herbst 1935 den 13jährigen Sohn Walter (geb. 1922 in Jever) zu seinem Onkel Dr. Fritz Steinfeld nach Jerusalem gebracht und ihn 1937 drei Wochen besucht.

7. Vom 30. Juni bis 10. Juli 1944: Mit dem Zug von Bergen-Belsen nach Palästina

Der Zug war noch nicht eingelaufen. Wenn er nur kommt! Ich wartete voller Sehnsucht. Gott sei dank, der Zug wurde gemeldet. Er lief ein, und wir alle stiegen überglücklich ein. Wir saßen zwischen sieben und acht Mann in einem Coupé. Ich fuhr mit einer jungen Wienerin, die in zweiter Ehe mit einem älteren Herren verheiratet war, sie hatten ein reizendes Adoptivkind. Dann saßen noch zwei junge Mädchen mit im Coupé, sie lebten schon lange von den Eltern getrennt und freuten sich maßlos auf sie. Durch Zufall erfuhr ich, dass der Vater gestorben ist. Die Mutter hat wieder geheiratet – ein anderes Wiedersehen, als die Kinder es sich erträumt hatten. Die Herren der Kommission fuhren mit unserem Zug. Dr. Taubes übernahm die Hauptleitung. Jeder Wagen hatte seinen Führer, teils waren es Barackenleiterinnen, teils dazu bestimmte Herren. Für irgendwelche Wünsche trat man an seinen Leiter heran. Dann setzte sich der Zug in Bewegung, ich war ganz still geworden. Wir fuhren durch Deutschland über Hildesheim, Göttingen, Bebra, Würzburg, Nürnberg, Passau, Linz, Wien.

Beim Fahren fiel mir auf, dass ich keine Ruinen, keine zerstörten Städte sah, denn täglich wurde doch in Deutschland bombardiert.[113] Eine Dame, die sehr spät aus Hamburg fortgekommen war, erzählte, wie Hamburg bombardiert worden war. Merkwürdig, wir sahen nichts. Zu essen hatten wir, Brot war uns schon zugeteilt, wir bekamen noch Leberpastete und Butter. Das war für uns eine Delikatesse.

[1. Juli 1944, frühmorgens]

Wien! Unser Zug stand in Wien. Draußen auf der Brücke stand eine Frau, uns zuwinkend. Gern hätte man sich Wien angesehen. Wir stiegen aus. Es standen Wagen bereit, die uns nach und nach zum Obdachlosenasyl[114] fuhren. Wir waren da. Das Haus war sehr schön, wir waren begeistert. Große Treppen gingen nach oben, unsere Schlafräume waren geräumig und luftig. An der Wand hing ein großes Bild von Hitler. Wir hatten weiße Betten, im Waschraum warmes und kaltes Wasser. Wir tanzten vor Freude, machten es uns für unsere Verhältnisse häuslich. Mittags erhielten wir Nummern für Essenschale und Essen. Wir standen reihenweise und bekamen einen schmackhaft zubereiteten Reis. Es war mir köstlicher zumute als nach Wein und Ambrosia. Ich war

113) Hermann 86f. und Mainz 175 erwähnen Zerstörungen durch Bomben in Nürnberg.

114) Obdachlosenasyl Gänsbachergasse 8, Wien-Favoriten, in der Nähe des damaligen Südbahnhofs (heute Hauptbahnhof); die Einrichtung wurde 1886 gegründet und 1915 stark erweitert.

das erste Mal so richtig satt. Nachmittags gab es wieder Essen. Leider haben es nicht alle gewusst; die zu spät kamen, mussten sich damit abfinden, dass alles ausgegeben war. Von der Stadt durften wir nichts sehen, wir hatten geschlossen im Obdachlosenheim zu bleiben.[115] Außer uns waren noch andere dort untergebracht, auch Ägypter. Sie befreundeten sich mit vielen und hätten gern Tauschhandel getrieben. Das war uns vom Barackenleiter aber strengstens untersagt. Sie verschenkten Zigaretten, vor allem den Kindern Schokolade. Ich sehnte mich danach. Ich wagte nicht, den Kindern etwas abzufordern. Ein Ägypter verehrte mir ein Kästchen Zigaretten. Die Ägypter erlebten eine große Enttäuschung: Es wurde ihnen verboten weiterzufahren, der Grund war nicht bekannt.[116] Im Unterbewusstsein hatte ich immer noch Angst. Wird auch nichts dazwischenkommen?

„Alle müssen gegen Pocken geimpft werden. Wer sich weigert, wird von der Weiterfahrt ausgeschlossen." Wir gingen in einen großen Saal, dort waren schon die Ärzte und Schwestern, wir standen hintereinander. Ich machte meinen linken Arm frei zum Impfen. Ältere Da-

115) Einzelne Personen gingen in die Stadt, vgl. Oppenheim 149. Elisabeth Polak (Liesje Auerbach-Polak, geb. 1922 Amsterdam) verschickte Mitteilungen an den niederländischen Widerstand mit der Post, vgl. Auerbach-Polak 95f.

116) In Wien waren auch 112 ägyptische Internierte eingetroffen, die gegen in Ägypten internierte „Reichsdeutsche" in einem deutsch-ägyptischen Austausch übergeben werden sollten. Nach Mainz 174 hatten sie in Bergen denselben Zug bestiegen. Der Austausch scheiterte, da die ägyptische Regierung die Fristen der türkischen Behörden nicht einhalten konnte (vgl. Wenck 227).

men wurden berücksichtigt und kamen zuerst, ich gesellte mich zu ihnen. „Wie kommen Sie dazu? Sie sind noch nicht so alt.“ Geschmeichelt stellte ich mich zur Jugend – dafür durfte ich dann ein halbes Stündchen länger warten. Nachdem wir geimpft waren, warteten wir noch zehn Minuten, bis die Impfstelle getrocknet war, und gingen dann wieder in unseren Saal zurück.

Nachmittags machten wir uns reisefertig. Unser ganzes Gepäck schleppten wir mal wieder die Treppen hinunter. Wir bekamen vom Barackenleiter allerhand Direktiven, nach denen wir uns strikt zu richten hatten. Unsere Plätze wurden waggonweise vorgelesen. Wir wussten, in welchen Waggon wir einsteigen mussten. Herr Dr. Taubes führte uns für die dritte Klasse. Ich hatte das Glück, erster Klasse unterzukommen. Wir alle standen vorm Obdachlosenheim versammelt und warteten auf die Wagen, die uns nach und nach zur Station brachten. Auch da gab es wieder Unzufriedene, die sich vordrängten. Wir durften vom Heim nicht abweichen. Auf der anderen Seite, uns schräg gegenüber, standen sehr viele Juden, mit ihrem Gepäck beladen. Ich fand die Gesichter z. T. sehr traurig.[117] Sollten sie nach Polen gekommen sein? Meine Annahme wurde mir bestätigt.

117) Das Obdachlosenasyl Gänsbachergasse fungierte im Juli 1944 als Durchgangslager für aus Ungarn deportierte Juden, die anschließend in Wiener Betrieben Zwangsarbeit zu leisten hatten. (vgl. Lappin-Eppel 91 ff.) Oppenheim 150 und Liesje Auerbach-Polak 96 erwähnen Versuche, der von Änne Gröschler beobachteten Gruppe Lebensmittel und Zigaretten zuzuwerfen.

[2. Juli 1944, abends]

Bis wir, unsere Kranken, unsere Kinder, unser Gepäck verladen waren, dauerte es noch eine Weile. Nun mussten wir einsteigen und wurden bis zum Zug gefahren. Und endlich stiegen wir ein und saßen im Zug. Ich glaube, unsere Kommission fuhr bis Konstantinopel mit. Geld durften wir bei uns haben, die Deutschen haben uns in Celle-Bergen unser abgegebenes Geld mitgegeben. Viele hatten nichts, dafür andere mehr. Herr Bergenthal[118] erledigte den finanziellen Teil für uns alle. Der Zug setzte sich in Bewegung. Wir fuhren und ich in der 1. Klasse! Ich kam mir vor wie im Schlaraffenland. Dieser Kontrast! Der Zug hatte einen Speisewagen.[119] Alle fühlten sich wieder wie Menschen. Der Zug ging über Budapest, Szeged usw. Die blühenden Kornfelder Ungarns – Roggen, hauptsächlich Mais – überzeugten uns von der Fruchtbarkeit des Landes. Dann kam der große Moment: Wir standen nicht mit Essnäpfen in Reihen, wir kamen in verschiedenen Schichten in den Speisewagen. Bevor wir in den Speisewagen gingen, erhielten wir Befehl, unsere Sterne abzumachen. Menschen mit Sternen wurde kein Essen verabreicht – sicher der Einfluss des Roten Kreuzes. Mir war so

118) Ignatz Bergenthal (1879 Thüngen), Banker

119) Nach Hermann 89 bestand der von zwei Lokomotiven gezogene Zug aus „elf Schnellzugwagen modernster Konstruktion", die Personenwagen seien ausschließlich 1. und 2. Klasse gewesen. Es gab Schlafwagen, zwei Speisewagen und einen Proviantwagen. Neben der Absicht, dem Ausland erholte KZ-Insassen zu präsentieren, sollte der ins Reich zurückfahrende Zug wohl auch die Templer beeindrucken und ihrer Ankunft den propagandistischen Rahmen bieten.

eigenartig, den Stern plötzlich abzumachen. Er war mir ein lieber Gefährte geworden, der Stern, der von feindlicher Seite als Schandfleck abgestempelt ist und für uns ein Ehrenzeichen war. Unsere Gruppe war nun so weit, wir gingen in den Speisewagen. Dort war hübsch gedeckt und von Kellnern wurde das Essen serviert. Es war gutes Essen, mir hat es geschmeckt, Getränke gab es auch. Was es gab, ist mir leider entfallen. Dann hatten wir gespeist, es wartete schon draußen die folgende Gruppe. Alle waren doch in gehobener Stimmung.

Budapest! Weiter nach Belgrad. Die ganze Gegend stand noch unter den Spuren des Bombardements. In Belgrad war ein unvorhergesehener Aufenthalt. Leider konnte man die Serben nicht verstehen, um Näheres zu erfahren. Große Feuerwolken stiegen zum Himmel, man sah abgebrannte Häuser, alles Folgen des Krieges. Lange Züge deutschen Militärs fuhren an uns vorbei. Kurze Zeit stand ein Militär-Personenzug uns direkt gegenüber, wir sahen uns gegenseitig in die Coupés. Auf beiden Seiten werden nicht die freundlichsten Gefühle geweckt worden sein. Der Zug mit seinen Tanks stand an der gegenüberliegenden Seite, ich war froh, als er aus unserer Sichtweise war. Ein Bombenhagel eben vor unserer Erlösung wäre gerade nicht angenehm gewesen. Der Zug fuhr ab und unser Zug ging auch endlich weiter.

Wir durchfuhren das Land Bulgarien. War es die Schweiz? Der Anblick der gewaltigen, herrlichen Gebirgsrücken versetzte mich in die Schweiz. Sofia, Hauptstadt von Bulgarien. Die wunderschöne Donau, der zweitgrößte Fluss Europas, begleitete uns von Österreich an. Von Passau durch Österreich und Ungarn nach Adrianopel[120], einem türkischen Handelsplatz.

[6. Juli 1944, 5.30 Uhr morgens]

Istanbul beziehungsweise Konstantinopel. Der Zug hielt. Es war erreicht, die Türkei. Endlich hatten wir das Gefühl der Freiheit. Die Kommission übergab uns den Türken. „Alle aussteigen!" Nach und nach stand alles auf dem Perron. Dann gingen wir alle zusammen über den Bahnsteig auf die Straße. Mein Handgepäck – nicht leicht – nahm ich mit mir. Unsere Barackenleiter waren schon vorgegangen. Wir stiegen in einen Bus, der ungefähr bis zum Schiff fuhr. Mit meinem Gepäck bewaffnet, lief ich ins Schiff. Unbeschreiblich lag die Schönheit des Bosporus vor mir, die Straße von Konstantinopel, die das Marmarameer mit dem Schwarzen Meer verbindet. Königlich lag Konstantinopel, die gewaltige Handelsstadt der Türkei, vor unseren Augen. Es liegt auf der Landzunge an der Einmündung des Bosporus ins Marmarameer und an der Bucht des Goldenen Horns. Auf dem Schiff war ein Gewirr von Menschen, alle Nationalitäten waren vertreten. Man hörte Türkisch, Englisch, Französisch, Hebräisch, wie man wollte. Ich unterhielt mich mit einem englischen Herrn der Kommission. Er war so müde, er hatte uns schon einen Tag vorher erwartet. Seine Familie hatte eine Zeit in Palästina verbracht, lebt nun in Ägypten. Ich versuchte sofort, meinen Lieben ein Telegramm nach Palästina zu schicken. Der Herr, der Auskunft in allem er-

120) *heute:* Edirne

teilte, wurde bestürmt. Es war nicht anzukommen, eine kleine Stunde habe ich gewartet. Endlich kam ich dran. Er sagte zu mir: „Sie sind eher da als das Telegramm." Viele versuchten, bei diesem Herrn noch Günstiges für ihre Verwandten und Freunde in der Gefangenschaft zu erreichen. Hoffentlich hatten sie Erfolg.

Wir hatten mal wieder großen Hunger. Morgens sind wir nüchtern fortgegangen. Unsere Erwartung lag auf dem Schiff. Oh, es gibt Getränke! Ich laufe schnell hin. Was sehe ich? Eine Fülle von Menschen. Ich hatte keine Geduld zu warten, ich ging fort. Dann kamen Pakete, herrliche Pakete. Wir standen in Reihen und nahmen nach und nach die köstliche Gabe von unserem Leiter entgegen. Eine türkische Spende, ich nehme es an. Ich erhielt mein Paket, ich packte ganz aufgeregt aus. Wann hatte ich diese Kostbarkeiten zuletzt gegessen? Feigen, Nüsse, Bananen, Schokolade, Bonbons – später gab es auch Brot. Wasserkrüge, Amphoren wurden gebracht. Man durfte sie mit in den Zug nehmen. Und unser Schiff fuhr, wir machten eine märchenhaft schöne Fahrt über den Bosporus. Die Häuser und Moscheen lagen am Wasser wie kleine Schmuckkästchen. Ich sagte zu mir: „Musste man erst so leiden, um zum Genuss dieser schönen Welt zu kommen?" Wie wundervoll ist das Weltall, wären nur die Menschen besser. Wie schön der Bosporus mit dem Marmarameer![121] Das

121) Die von Auerbach-Polak 97 als deplatziert empfundene Rundfahrt von mehreren Stunden hatte ihren Grund in dem komplizierten diplomatischen und bürokratischen Abgleich mit den inzwischen aus Palästina eingetroffenen Templern am vereinbarten Austauschpunkt.

Schiff hielt, es war ein Gewimmel von Menschen auf dem Schiff, jeder nahm sein Gepäck bei sich, und draußen wurden wir gruppenweise entlassen. Ich atmete auf, als ich glücklich draußen stand.

[6. Juli 1944, ca. 8.00 Uhr morgens
Bahnhof Haydarpascha, asiatische Seite Istanbuls]

Schwer beladen, hatten wir einen nicht zu langen Weg an den Zug. Mir war er endlos durch das schwere Tragen. Ich suchte mein Coupé, fand es und stieg ein. Ein Teil des Gepäcks hatte ich auf dem Bahnsteig unterwegs hingesetzt, nun halte ich den Rest. Der Wagen 1. Klasse war mit rotem Plüsch. Die Eckplätze waren schon besetzt. Ich hatte in der Mitte einen Pfosten, doch gestattete mir der eine Herr in seiner Ecke abwechselnd dort zu sitzen. Aus unserem Abteil konnte ein richtiges Schlafcoupé konstruiert werden. Viele Damen und Herren erhielten Schlafwagen, da kränkliche Menschen bevorzugt wurden. In diesem eleganten Zug befand sich selbstverständlich ein Speisewagen. Gruppenweise nahmen wir unsere Mahlzeiten dort ein. Wir kamen an die Reihe, wir gingen hinein. Oh, wie feudal! Das erste türkische Menü war fantastisch: Hors d'oeuvre, so und so viele Gänge, Weißwein, Rotwein, Bier, Getränke an jedem Tisch. Die erste Mahlzeit hatte ein festliches Gepräge, die folgenden Diners waren auch sehr, sehr gut. Die Essenszeit war kurz bemessen, die folgende Gruppe stand schon im Gang und wartete. Als die ersten vom Essen zurückkamen, strahlten direkt ihre Gesichter. Die Revolution der Speiseversorgung gefiel allen ausgezeichnet, ob sie ihnen aber bekommen ist, ist eine zweite Frage. Durch Zeichen haben wir uns mit den Türken verständigen können, eine Vorahnung für Palästina. Die Oseret meiner Geschwister und ich[122] hantierten damals auch mit Gebärden. Iwrit muss man lernen in Palästina.

Unser lieber Zug brachte uns weiter über gewaltige Gebirgsländer. Ich war überrascht, wie schön der Balkan ist, riesige Felsenmassen. Als ich die Natur in ihrer Größe sah, dachte ich: Wie klein ist doch der Mensch gegen diese Naturgewalten. Vielleicht sind wir Menschen erschaffen, die herrliche Welt zu zerstören. Kriege, Kriege vernichten alles. Der Balkan kann davon erzählen. Dann Religionskriege, Rassenkriege, Territorialkriege – irgendein Anlass wird immer bestehen. Oh weh, wenn der Teufel im Menschen regiert! Auf welchen Tiefstand kann der Mensch, die Krone der Schöpfung, hinabsinken.

[8. Juli 1944]

Aleppo, Hauptstadt französisch Syriens.[123] In meinem Coupé 3. Klasse hatte ich gut geschlafen. Ich stand früh auf, erstens um die Schönheiten der Gegend zu genießen, dann machte ich schon früh Toilette, solange die anderen noch schliefen. Ein Herr hatte sich liebenswürdiger-

---

122) Oseret - Hausmädchen; Änne Gröschler bezieht sich auf ihre Besuche bei ihrem Bruder Dr. Fritz Steinfeld und dessen Ehefrau in Palästina.

123) Syrien und Libanon waren seit 1922 französisches Mandatsgebiet und wurden seit 1941 durch britische Truppen und Einheiten der Forces Francaises Libres kontrolliert.

weise auf dem Fußboden schlafen gelegt, so konnten wir uns alle ausstrecken. Der Herr hat es uns selbst angeboten und es gern getan. Nun hieß es: „Alle haben den Zug zu verlassen." Wir wurden den Engländern übergeben und trennten uns von unserem schönen Zug. Alles stieg aus, das Gepäck nahmen wir mit. Wir legten und stellten es erst draußen hin, bis unsere Plätze uns angewiesen waren. Uns gegenüber stand der neue Zug. Der Zug war einfach, es war auch egal, brachte er uns doch unserem ersehnten Ziel näher. Ich stieg in mein Coupé und setzte mich in eine Ecke. „Es ist nicht nett, dass Sie sich dort hinsetzen, ich will gern meinem Mann gegenübersitzen". – Ich war der Dame gefällig und wechselte meinen Platz. Unsere Schlafgelegenheit war nicht gut. Abwechselnd versuchten wir einige Stündchen liegend zu schlafen, was mir leider nicht gelang. Unsere Closets hatten, genau wie im türkischen Zug, keine Sitze, wohl aus hygienischen Gründen. Speisewagen waren dem Zug nicht angehängt. Bevor wir einstiegen, wollte der eine mit dem, der andere mit jenem fahren. „Frau Gröschler, Sie kommen zu uns!" riefen viele. Ich saß bei einem netten Ehepaar. Eine Dame stieg noch ein, die aus Vittel[124] gekommen war. In Wien ist nur ein Grüppchen Vitteler zugeteilt worden. In Vittel haben sie es gut gehabt, das Rote Kreuz versorgte alle mit Paketchen. Unsere Engländer behüteten uns liebevoll, wir erhielten gutes Essen.

124) In Wien waren 61 Juden mit britischer und amerikanischer Staatsangehörigkeit aus den Internierungslagern Vittel und Laufen zu den 222 des „Transports 222" aus Bergen-Belsen hinzugekommen.

Wir saßen noch kaum, als wir jeder eine Tüte mit Cakes und Schokolade bekamen. An größeren Stationen stiegen wir aus. Wir nahmen an gedeckten Tischen unsere Mahlzeiten ein, gut und reichlich. An einer Station stand direkt vor unserem Coupé ein langer Tisch. Bequem und angenehm, so serviert zu bekommen. An einer anderen Station war in einer extra Halle wunderbar gedeckt. Ich schmecke noch das weiße Brot, die leckeren Eier, Pflaumenkompott usw. Ich habe früher in normaler Zeit nie geahnt, dass der Magen in der menschlichen Maschine

■ 22: Ein jüdischer Polizist betrachtet ein jüdisches Abzeichen auf dem Gepäck ehemaliger Häftlinge bei der Ankunft in Haifa; 10. Juli 1944.

eine so wichtige Rolle spielt. Der nicht satte Mensch reagiert im Charakter anders als der satte. Das habe ich erfahren. Hunger tut weh.

Während des Aufenthaltes haben wir den Bahnhof nicht verlassen. Vom Zuge aus sahen wir viel Interessantes. Berge, Flüsse, Seen stiegen in abwechselnd malerischen Bildern vor unserem Auge auf. Die bunten Trachten der Bewohner, die Schafherden, Kühe in den Weiden gaben ein echtes Gemälde. Der Araber wohnte z. T. in ganz kleinen Häuschen, in der Art eines Bienenhauses mit Fensterchen. Vielleicht waren es keine echten Häuser, sondern in Felsen eingehauene, kleine Wohnungen. Die Araberin mit ihrem königlichen Gang, auf dem Kopf eine Amphore oder sonst etwas tragend, hielt mich immer wieder in Fessel. Arme Leute kamen an unsere Wagen. Welcher Nationalität? Wir verstanden gegenseitig unsere Sprache nicht. Nur durch Gebärden wurden wir fertig. Sie verkauften Obst und Brot. Unser Geld war wertlos für sie. Der eine gab im Tausch Rasierklingen, der andere Zigaretten. Vieles haben sie einfach abgelehnt. Sie waren so stolz mit ihren Kirschen. Ich tauschte für zwei kleine Weißbrote ein Taschentuch ein. Aus Gesundheitsrücksichten verbot uns die Leitung, noch irgendetwas zu nehmen. Homs, Chekka, Beirut, Haifa. Homs bekannt durch Textil- und Ölfabriken, Beirut Haupt- und Hafenstadt Syriens.[125]

125) Als Syrien wurde zu dieser Zeit das gesamte Gebiet der beiden heutigen Staaten Syrien und Libanon bezeichnet.

8. Ankunft in Palästina am 10. Juli 1944 und die Zeit danach

Haifa – Palästina! Wir hatten es erreicht, das gelobte Land. Wir waren da, wirklich da, am Ziel unserer bedeutungsvollen Reise. Im Geiste durchlebte ich die Einfahrt im Hafen Haifas vor sieben Jahren mit meinem geliebten Mann. Damals machte Haifa auf uns einen imposanten Eindruck. Mit dem Schiff in den Hafen einfahrend, ist es für den ersten Besucher überwältigend. In sich hatte man das Gefühl: „Es ist unser heiliges, geschichtliches Land Palästina, an das wir anlegen.“ Und nun fuhren wir mit dem Zug ein. Ich stand am Coupéfenster und sah hinaus. Plötzlich höre ich meinen Namen rufen: „Frau Gröschler.“ Eine Dame steht vor mir, Frau Kümmel. „Ich habe Ihnen Grüße zu überbringen von Ihrem Sohn und Ihren Geschwistern.[126] Sie sind gesund, es geht ihnen gut.“

Ich fragte nach allem. Hocherfreut war ich über den liebevollen Bericht. Sie lebten – und gesund! Sie erwarteten meinen geliebten Mann und mich. Ich war allein.

126) Geschwister" meint den Bruder Fritz und seine Ehefrau Sonja geb. Taubes in Jerusalem, bei denen Änne Gröschler nach ihrer Rettung lebte.

Durch den Tod meines Mannes waren meine Grüße für sie mit Trauer gepaart.

Wir alle stiegen aus und sind in Autobusse verteilt worden, die für uns bereit standen. Man versorgte uns mit herrlich belegten Weißbroten, auf die ich mich stürzte. Als wir alle wie Schäfchen versammelt waren, wurden wir nach Atlit[127] gefahren. Nun sah ich Haifa von seiner reizvollen Seite, wie schön es lag. Viele Verwandte oder Freunde fanden Gelegenheit, flüchtig mit unseren Leuten zu sprechen. Ich sah einen zehn- bis zwölfjährigen Knaben. Er weinte bitterlich: „Was hast du?" – „Meine Großeltern sind nicht mitgekommen." Zufällig kannte ich die Großmutter. Die Großeltern standen auf der Austauschliste. Der Mann wurde sehr krank und war nicht transportfähig. Und darum ist seine Frau mit ihm zurückgeblieben. Der Vater von dem Jungen ist hier inzwischen gestorben. Das sind Einzelschicksale. Das Wiederfinden und Wiedersehen ist nicht immer leicht.

Frau Dr. Klee, die Witwe des Zionistenführers, blieb freiwillig zurück, ihr Schwiegersohn Hans Goslar war sehr krank[128]. Ähnliche Schicksale gab noch mehr. Nun

127) Atlit, Ortschaft 20 km südlich von Haifa an der Mittelmeerküste; hier hatte Großbritannien während des 2. Weltkriegs ein Camp eingerichtet, in dem hauptsächlich illegale jüdische Einwanderer nach Palästina interniert wurden.

128) Alfred Klee (geb. 1875 Berlin – 1943 Westerbork) gehörte zum Freundeskreis von Theodor Herzl und war seit 1914 Vorsitzender der Zionistischen Vereinigung für Deutschland. Die Witwe Teresa Klee geb. Stargard starb am 25. März 1945 in Bergen-Belsen. Die bereits 1942 verstorbene Tochter Ruth war mit Hans Goslar (geb. 1889 Hannover) verheiratet. Dieser war seit 1919 Leiter der Pressestelle des preußischen Staats-

waren wir in Atlit, wir stiegen aus. Atlit ist ein schönes, großes Camp. Es war sehr überfüllt, doch fanden wir alle ein Bett. Ich war glücklich, als ich lag. In großen Baracken wurde das Essen verabreicht, es war gut und reichlich. Waschgelegenheiten waren auch dort. Inzwischen waren für mich liebevolle Päckchen angekommen, von meinen Geschwistern, von Freunden aus meiner Heimat. Rührende Briefe von meinem Sohn und Geschwistern, mitbestimmt für meinen lieben Mann. Von den Süßigkeiten aß ich gewiss zu viel, nachts habe ich schlecht geschlafen. Als morgens der Arzt kam, sagte ich: „Ich fühle mich so elend." Er bat mich, ins nahe gelegene Krankenhaus zu gehen. Ich kam ins Bett und wurde auf „Diät" gesetzt. Von den Ärzten und Schwestern bin ich gut behandelt worden. Nachts schlief eines von den kleinen Mädels von unserem Transport neben mir, es war krank. Es hatte so große braune Augen und ich sehe immer noch den ersten Blick.

Morgens, als ich sinnend in meinem Bett lag, stand ein englischer Soldat vor meinem Bett. Er sagte irgendetwas zu mir. Es dauerte einen Moment, bis ich ihn begriff. „Draußen ist jemand, der Sie sprechen will!" Ist es wohl Walter? Ich musste direkt mitkommen, hatte keine Zeit, mich anzukleiden, frisierte mich nicht, warf meinen Regenmantel in Hast über mein Nachthemd und lief

---

ministeriums gewesen und 1932 von den Nationalsozialisten entlassen worden. Goslar starb am 25. Februar 1945 in Bergen-Belsen. Seine Töchter Hannah und Rachel überlebten. (Hannah war in Amsterdam eine enge Freundin Anne Franks, die am 28. Oktober 1944 von Auschwitz nach Bergen-Belsen deportiert wurde, im Lager auf Hannah traf und dort Anfang 1945 umkam.)

aufgeregt neben dem Soldaten. Als wir ein Stück Weges gegangen sind, blieb er mit mir vor einem großen Raum stehen. Jemand rief: „Mutti!“ und ich: „Walter!“ Wir küssten und drückten uns, sahen uns an und weinten und ließen uns nicht mehr los. Der tiefste Schmerz war,

■ 23: Änne Gröschler und ihr Sohn Walter nach der Ankunft in Jerusalem.

dass ich ihm sagen musste, dass sein Papi, auf den er sich so schrecklich gefreut hatte, in Celle begraben lag. Dieses Leid und diese Enttäuschung muss überwunden werden. 1935 haben mein lieber Mann und ich unseren Jungen mit 13 Jahren in dieses Land gebracht. Meine geliebten Geschwister waren seine Vizeeltern. 1937 besuchten wir beide unsere Lieben für drei Wochen, wir hatten unserem Schwiegervater[129] versprochen zurückzukehren. Uns selbst trifft die Schuld, dass wir nicht blieben. Sieben Jahre sahen wir uns nicht. Er ist beim englischen Militär.[130] „Groß bist du, kräftig und stark. Wie siehst du gut aus!" Zu mir konnte er das nicht sagen, ich hatte viel abgenommen. Ich war nur braungebrannt. Viel hatten wir uns zu sagen, die Zeit war um. Ich ging zurück, im Inneren aufgewühlt. Freude nach meinem tiefen Schmerz!

Ich legte mich wieder ins Bett. Am anderen Morgen mussten alle Formalitäten erledigt werden. Eine Krankenschwester nahm unsere Papiere, soweit wir Nachweise hatten, und brachte sie zu den Engländern. Eine andere Dame reichte mir das Papier zurück.[131] Ich hatte nichts in Händen und begriff es nicht. Ich ging mal an die Pforte; dort draußen standen alle die Wartenden, die ihre Lieben in Empfang nehmen wollten. Ich suchte Walter, sollte er

129) Simon Gröschler (1851 Bochnia – 1938 Jever), der Begründer des jeverschen Familienunternehmens „S. Gröschler KG"

130) Walter trat im Januar 1942 gegen den ausdrücklichen Willen Fritz Steinfelds, der um das Leben seines Ziehsohnes fürchtete, in das britische Militär ein, um einen Beitrag im Kampf gegen NS-Deutschland zu leisten. Im Juli 1944 war er im Range eines Sergeants in Kiryat Motzkin in der Nähe von Haifa stationiert. Er berichtete seiner Mutter, dass seine Schwester Trude Haas in England Mutter einer Tochter geworden war und angenommen wurde, dass Käthe und Alfred Löwenberg sich in einem sicheren Versteck befänden. (Groschler 13)

131) Offenbar wurde das zunächst eingereichte Dokument nicht akzeptiert.

dort auch stehen? Wirklich, auch er steht da in der glühenden Sonne. Ich hatte keine Ruhe mehr, versuchte mit aller Energie, meine Papiere selbst in Ordnung zu bringen. Wir hatten innerhalb der Pforte zu warten, dort stand ein Soldat als Wache. Alles ging reihenweise. Ich stand lange in heißer Sonne, ganz ermattet. Endlich wurde ich vorgelassen. Ich war erstaunt, wie unhöflich ich behandelt wurde. Ich war glücklich, als zuletzt meine Papiere stimmten. Vorher quälten mich einige junge Mädels, sie vorzulassen. Ihr Wagen führe bald ab. Ich begriff sie nicht, ich war in gleicher Lage. Als ich fertig war, rannte ich und trug mein sämtliches Gepäck allein ans Tor. Eine Dame hatte Mitleid mit mir, sie half mir bei einem Gepäckteil. Mein Sohn erhielt ja leider keinen Einlass durchs Tor. Er wartete nun schon einige Stunden in der Sonne voller Sehnsucht auf seine Mutter. Ich fand keine Zeit mehr, allen Lebewohl zu sagen, viele waren schon fort. Wir waren doch eine Schicksalsgemeinschaft geworden, Rücksichten und Formen waren bei manchen vergessen. In einem Abschiedsdank habe ich dann meine Gedanken niedergelegt.

[13. Juli 1944]

Ich war soweit, das Tor öffnete sich. Das Camp lag hinter mir, ich war draußen mit meinem Gepäck. Walter und ich waren glücklich vereint. Ein Fotograf hat uns in unserer Umarmung geknipst. Leider war unsere Verbindung nach Jerusalem vorbei und so warteten wir bis zum anderen Tag. Draußen stand ein Autobus. Das Gepäck warf mein Sohn oben auf den Wagen, wir stiegen ein, zum großen Teil mit den Mädels von der Hachscharah. Wir fuhren nach Bat Galim, dem Transitcamp der Jewish Agency.[132] Vor lauter Aufregung hat mein Sohn seine Tasche mit Inhalt draußen stehen lassen, meine Sachen hatte er geborgen. Er ist am Abend noch mal herausgefahren und hat sie erst später zurückbekommen.

Wir kamen in Bat Galim an. Es liegt sehr schön. Wir bekamen einen großen Schlafraum zugewiesen, jeder hatte sein Bett. Wir aßen in einer Art Dependance. Es lag wunderbar, direkt am Meer. Jeder hatte eine Essnummer. Überall wurde geschäftig serviert: Brot, Käse, Tomaten usw. Ich fühlte mich nicht gut. Walter und ich waren noch zusammen. Wir gingen zurück zu unserem Heim. Ein schöner Garten war ihm angeschlossen. An diese tropischen Pflanzen hatte sich mein Auge nun gewöhnt: Ölbäume, Dattelpalmen, blühende Blumen. Wer Palästina kennt, die tropische Hitze erlebt, weiß, was es bedeutetet, ohne Regen Parks oder Gärten bewundern zu können, wie mühsam es ist, den Boden hier zu befruchten. Man sieht Bäume und Pflanzen mit anderen Augen als in Europa. Wälder und Gärten sind dort etwas Selbstverständliches. Eine Weile saßen wir noch unter einem Ölbaum. Dann verabschiedeten wir uns. Ich ging zu Bett. Ich habe schlecht geschlafen und fühlte mich am Morgen sehr elend. Ich erkundigte mich nach einem

132) Bat Galim – Stadtteil von Haifa; die Jewish Agency war die im Völkerbundmandat für Palästina vorgesehene Vertretung der Juden und diente dem britischen Mandatar als Ansprech- und einzig befugter Verhandlungspartner. Sie war ebenso zuständig für die internen Angelegenheiten der in Palästina lebenden Juden.

Arzt, der leider noch nicht zu erreichen war. So setzte ich mich wieder unter meinen Ölbaum und wartete auf Walter. Ein Billet nach Jerusalem hatte ich mir schon

■ 24: Änne Gröschler mit ihrem Bruder Fritz Steinfeld (1900-1950) im Jahr 1928

gelöst. Eine Dame gesellte sich zu mir. Sie erzählte: „Ich habe lange in der Türkei gelebt, in einem türkischen Hause. Ich wurde vom Hausherrn geschlagen. Später wechselte ich dieses Haus mit einem Arzthaushalt. Dort bin ich auch geschlagen worden. Auch die Kinder, die meiner Erziehung oblagen, schlug der Hausherr sehr. Ich litt darunter, da ich sie so geliebt hatte." Ich erzähle unter Vorbehalt, da ich für die Wahrheit nicht bürgen kann.

Walter kam. Wir nahmen alles Gepäck und stiegen in ein Auto, das uns zu einem Wagen nach Jerusalem fuhr. Wir gingen in den Jerusalemer Autobus, das Gepäck auf dem Wagen. Der Wagen war voll mit Menschen besetzt. Nun fuhr er los. Ich kannte ja die herrliche Gegend. Ich sah sie wieder, die glühenden Orangengärten, die Täler, die Berge, die schönen Farben des Lichts. Dieses sonnige Stück Erde, wie liebe ich es! Immer näher kamen wir unserem Ziel durch arabische Orte. Die Araber saßen, ihre Wasserpfeifen rauchend mit ihren Trachten, große Kopftücher umgeschlungen, als Schutz gegen die ewige Sonne. Juden in ihren Kaftans mit ihren Paies[133] – alles orientalische Bilder. Kleine Kinder mit Paies. Wieder Berge und Täler in abwechselnden Bildern. Und dann kam Jerusalem, die welthistorische Stadt, die Stadt aller Religionen. Jerusalem – wir waren da. Meine Heimat. Wir stiegen aus, Walter rief bei unseren Geschwistern an. Plötzlich stand mein Bruder vor mir, der direkt mit dem Auto gekommen ist. Wir beide lagen uns in den Armen. Mit meinem geliebten Bruder verbindet mich eine besondere Liebe. Wir sind die einzigen des Elternhauses, die noch geblieben sind. Ich bin 12 Jahre älter als er und so war er mir Sohn und Bruder zugleich. Wir stiegen in sein Auto und fuhren nach Hause. Meine liebste Schwägerin hat mich schwesterlich in ihrem schönen Heim empfangen. Ich wurde aufgenommen wie eine Königin und kann es immer noch kaum fassen, ob ich träume oder wache. Diese kultur-

133) Schläfenlocken

volle Wohnung[134] umhüllt mich mit Wärme. Dass unser geliebter Papi, dieser lebensbejahende Mensch, das alles nicht miterleben durfte, erfüllt mich mit Wehmut. Und doch bin ich voll tiefer, tiefer Dankbarkeit.

Nun liege ich im Spital.[135] Man sagt, ich sei sehr dünn geworden. Ich wog 92 Pfund. Meine dicken Beine sind dünn geworden. Mein Allgemeinbefinden ist viel, viel besser. Mein brüderlicher Arzt behütet mich mit einer unbeschreiblichen Liebe. Meine liebe Schwägerin, mein Sohn sind dauernd mit Liebespäckchen bewaffnet. Fremde Menschen wollen durch mich von ihren Angehörigen erfahren. Leider konnte ich nicht immer das Beste sagen. Freunde und Fremde begrüßen mich mit Blumen, Konfekt usw. Alles ist traumhaft. Dass uns der Transport errettet hat, ist ein Wunder Gottes. Wir wollen beten, dass die vielen, die noch in Gefangenschaft sind, auch bald den Weg, den heiligen Weg der Erlösung in die Freiheit, gehen mögen.

Rückblickend sehe ich noch mal alles, alles. Ich sehe die Gefängnisse, das Westerburger Camp, früher Heideland, ein großes Terrain, bebaut mit kleinen Häuschen, vereinzelten Villen für die Deutschen, den Kommandanten, andere kleine Häuschen, von alten Campinsassen be-

134) Princess Mary Street im Geschäftszentrum von Jerusalem, in dem Gebäude befand sich auch die Praxis; Fritz Steinfeld forschte außerdem an der Hebrew University of Jerusalem. Er war ein Jugendfreund des Malers Felix Nussbaum (1904 Osnabrück – deportiert am 20. Sept. 1944 von Belgien nach Auschwitz), besaß von ihm Zeichnungen und Ölbilder und hielt auch von Palästina aus den Kontakt. Steinfelds „Erinnerungen an den Malerfreund" wurden 1984 auf Initiative von Käthe Löwenberg-Gröschler veröffentlicht.

135) Bikur Cholim Hospital in Jerusalem, der Aufenthalt dauerte 14 Tage. (Groschler 13)

wohnt, die vielen Baracken: Wohnbaracken, Industriebaracken. Das Camp beherbergte Tausende von Menschen, zuletzt waren es weniger geworden durch den Abzug großer Transporte. Ich sehe junge Mädchen in Reihen Wagen schieben, gefüllt mit Heidestücken, Steine schleppen. Ich sehe in die Küche der kleinen Häuschen. Jede Familie hatte ein Zimmer, Küchenbenutzung gemeinsam. Der elektrische Kocher durfte nur auf festgesetzter Zeit gebraucht werden. Heißes Wasser holte man sich von der großen Küche. Ich sehe von weitem die Küche, wo für die Deutschen gekocht wird. Ich sehe mich mit Freunden aus der Heimat meines Mannes in der Barackenküche sitzend. Wo uns der eine Freund ein herrliches Stück Schwarzbrot mit Butter kredenzte. Ich bin die einzige von allen, die noch da ist. Ich sehe meinen Mann und mich an Feiertagen in der Synagoge, wo eine dicht gefüllte Menschenmenge den Predigten und Gesängen des Gotteshauses lauschte. Ich sehe am Laubhüttenfest die bekränzten Laubhütten, wo die religiösen Menschen ihre Mahlzeiten einnahmen.

Ich erlebe Celle-Bergen, für mich unvergesslich durch den Verlust meines geliebten Mannes. „Du hast noch dein ganzes Leben vor dir.“ Ich sehe dort die Gefangenen aller Nationalitäten. Ich höre die ewigen Schießübungen der Deutschen.[136] Ich sehe einen italienischen Schullehrer seine Kinder auf dem Appellplatz unterrichten, den Stock in der Hand. Ich sehe im Februar, März auf dem Appellplatz die frierenden Kinder.

136) Die Schießanlage des Truppenübungsplatzes Bergen-Hohne befand sich in unmittelbarer Nähe des KZ Bergen-Belsen.

Ich sehe die grundverschiedenen Weltauffassungen der Menschen, einer Rasse angehörig. Ich sehe das Campleben, wie sich im Gefangenenlager ein kleiner Staat im Staate aufgebaut hat, wie sich genau wie ein bürgerliches Leben unter Gefangenen auch Schichten gebildet haben. Der jüdische Kommandant, die jüdische Polizei, die Küchenchefs, die Betriebsleiter, die Barackenleiter, die Magazinleiter, der Chefarzt usw. Ihnen unterstanden die anderen Juden, egal, was sie im früheren Leben für Stellungen eingenommen haben. Ich sehe, sehe, sehe. Und zuletzt die schönen Kornfelder, die arabischen Typen, die Wüste, die Kamele, die Ruinen, das gigantische Bild der Berge. Das weite Meer mit seinem Licht und seinen Farben.

Ich schrieb dieses Büchlein für meine Liebsten, so, wie ich es in meinem Innern erlebt und mit meinen Augen gesehen habe. Ich bin von Herzen Pazifistin. Werden die Menschen die Höhe des Adels erreichen, Kriege zu meiden, wird ein Bruder den anderen nicht mehr vernichten? Wird ein Bruder den anderen nicht mehr als Paria stempeln? Ich bin nicht Amalie Dietrich,[137] an die

137) Amalie Dietrich (1821 – 1891) war eine deutsche Sammlerin naturkundlicher Objekte in Australien und eine der ersten Naturforscherinnen. Ihr abenteuerliches und entbehrungsreiches Leben wurde durch die 1909 veröffentlichte Biographie ihrer Tochter Charitas Bischoff sehr populär.

ich so oft denken musste, obgleich als Forscherin ihr Leben anders war. Ich bin nicht Odysseus, sondern Änne Gröschler, die über so viel Klippen den einfachen Boden zurückgefunden hat. Diese vielen Erlebnisse stiegen wie Bilder vor mir auf, die ich bewältigen musste. Die Geschehnisse der letzten Jahre sind wie eine „Ewigkeit."

Der Krieg mit seinen Schrecken wird enden. Die Menschen müssen sich läutern, eine andere Zeit muss uns ihr Antlitz zeigen, in der der Mensch zum Menschen spricht. Wird sich diese Welt bilden?? Oder – wird Satan wieder sein Zepter schwingen?

Ich empfand dieses Leben der letzten Jahre als Sintflut. Viele sind untergegangen – viele gerettet. Ich mit ihnen. Ein neues Leben beginnt.

Jerusalem, im Herbst 1944[138]

138) „1946" im Typoskript; der Bericht wurde, wie alle bezüglichen Textstellen kohärent zeigen, inhaltlich bereits 1944 niedergeschrieben. Käthe Löwenberg-Gröschler teilte dem Herausgeber 1984 mit, ihre Mutter habe nach der Befreiung einen Zusammenbruch erlitten und auf Rat des Arztes auch aus therapeutischen Gründen die Erinnerungen „Aus dieser schweren Zeit" verfasst.

Den Führern unseres Palästinabundes

Der Traum ist Wahrheit nun geworden,
Ist denn ein Wunder nun gescheh´n,
Dass jeder freut sich auf den Morgen,
Um das gelobte Land zu sehen?
Ist denn ein Wunder nur vollbracht,
Wir sind der Fessel nun entrafft.
Die Freiheit blüht auf unsern Pfaden,
Das Leben fließt in neue Bahnen.

Was Freiheit ist, kann nur ermessen,
Wer die Gefangenschaft erprobt,
Wer hinter Stacheldraht gesessen,
Du, unser Herrgott, seist gelobt.

Ich denke an alle unserer Brüder,
An alle Tränen, die geweint,
Ich denke an die lieben Toten,
Die uns im Jenseits sind vereint.

Ich denke der, die noch in Fessel,
Drum hoffen wir für alle bald,
Dass endlich sich der Krieg beende,
Man wandern kann durch Flur und Wald.

Den Leitern unsres Schicksalsbundes,
Wir sagen ihnen heißen Dank,
Für alle Sorgen, alle Mühen,
Dass ihnen alles so gelang.

Es gab viel Ärger und viel Kummer,
Doch nur den Hunger trifft die Schuld.
Nun sind wir alle wieder Brüder,
Begegnen alle uns in Huld.
So bitte ich denn, zu vergessen
Die Undankbaren in der Welt,
Den kleinen Hader kleinen Geistes,
Der uns das Leben hat vergällt.
Denn dies Geschehnis, dies Erlebnis,
Ist von einer großen Norm.
Der Geist, er kann es noch nicht fassen,
Ist nicht gegossen, noch in Form.

Und hat uns Gott in unser Land geführt,
Und uns genommen das Gefangenkleid,
So werde Knechtschaft nur Erinnerung,
Und leuchte Freiheit uns für alle Zeit;
Gott leite weiter uns auf unsern Wegen,
Und gebe unserem Volke seinen Segen.

Literaturnachweis

Ammann, Thomas; Aust, Stefan: Hitlers Menschen-Händler: Das Schicksal der „Austauschjuden". – Berlin: 2013

Arntz, Hans-Dieter: Der letzte Judenälteste von Bergen-Belsen Josef Weiss – würdig in einer unwürdigen Umgebung. – Aachen 2012

Auerbach-Polak, Liesje; Bausch-Polak, Betty: Broken Silence: Memories of two Dutch sisters, their Jewish heritage, the war and rebuilding of their lives. – Jerusalem 2014

Benz, Wolfgang (Hg.): Handbuch des Antisemitismus: Länder und Regionen. – Berlin 2008

Bergen-Belsen: Katalog der Dauerausstellung. – Göttingen: Wallstein 2009

Beyer, Werner: Fahrt in die Freiheit: Die außergewöhnliche Reise der Änne Gröschler aus dem KZ Bergen-Belsen nach Palästina im Jahr 1944. – In: Historienkalender auf das Jahr 2014. – Jever 2013, S. 161/165

Brasz, Chaya: „Transport 222" Bergen-Belsen – Palestine, July 1944. – Jerusalem 1994 (text in English, Hebrew and Dutch)

Gröschler, Änne: Erinnerung einer Jüdin an die letzten Wochen in Jever (1938). Mit einer Einleitung und mit Anmerkungen von Werner Vahlenkamp. – In: Oldenburger Jahrbuch, Bd. 88 (1988)

Groschler, Walter S.: Walter's story. – unv. Typoskript, Montreal ca. 1990, 69 S.

Hillenbrand, Klaus: Der Ausgetauschte: Die ungewöhnliche Rettung des Israel Sumer Kormann. – Frankfurt am Main 2010

Klemp, Stefan: „Nicht ermittelt" – Polizeibataillone und Nachkriegsjustiz: ein Handbuch. – Essen 2005

Kolb, Eberhard: Bergen-Belsen: Vom „Aufenthaltslager" zum Konzentrationslager 1943 – 1945. – Göttingen 1991

Laqueur, Renata: Bergen-Belsen Tagebuch 1944/45. – Hannover 1983

Hermann, Simon Heinrich: Austauschlager Bergen-Belsen: Geschichte eines Transportes. – Tel Aviv: Irgun Olej Merkaz Europa, 1944 (Auszüge in Keller 50-53)

Hajakova, Anna: Das polizeiliche Durchgangslager Westerbork. – PDF-Dokument (2004) www.academia.edu

Keller, Rolf u.a.: Konzentrationslager Bergen-Belsen: Berichte und Dokumente. – Göttingen 2002

Králová, Katerina: Das Vermächtnis der Besatzung: Deutsch-griechische Beziehungen seit 1940. – Köln/Weimar 2016, S. 95

Mainz, Helmuth: Report. – In: Oppenheim 167 – 186 (Appendix 2)

Lappin-Eppel: Ungarisch-jüdische Zwangsarbeiter und Zwangsarbeiterinnen in Österreich 1944/45: Arbeitseinsatz, Todesmärsche, Folgen. – Münster 2010

Oppenheim, A. N.: The chosen people: the story of the "222 Transport" from Bergen-Belsen to Palestine. – London / Portland (OR): Vallentine Mitchell, 1996

Peters, Hartmut: Die „Reichskristallnacht" in Jever und die Geschichte der jeverschen Synagogen. – Jever 1992 (auch erschienen in: Die Synagogen des Oldenburger Landes. – Oldenburg 1988, S. 41-121)

Samson, Schlomo: Zwischen Finsternis und Licht: 50 Jahre nach Bergen-Belsen: Erinnerungen eines Leipziger Juden. – Jerusalem: Rubin Mass, 1995

Steinfeld, Fritz: Vergast – nicht vergessen: Erinnerungen an den Malerfreund Felix Nussbaum. – Osnabrück: Kulturgeschichtliches Museum, 1994

Wenck, Alexandra-Eileen: Zwischen Menschenhandel und „Endlösung": Das Konzentrationslager Bergen-Belsen. – Paderborn 2000

Abbildungsnachweis

1-3, 5, 6, 12-14, 23, 24 - Sammlung B. Löwenberg, Rotterdam, Niederlande

4 - akg-images Berlin, Deutschland / Abraham Pisarek Fotoarchiv

5, 7 - (Foto C.-G. Friederichsen), 8, 9, 10, 11, 21, 22 - Sammlung H. Peters, Wilhelmshaven, Deutschland

15-19 - Herinnerungscentrum Kamp Westerbork, Niederlande

20 - Die Luftaufklärungsarchive, Edinburgh, Schottland

Entwurf der Karte: Andreas Reiberg, Wangerland (Deutschland), unter Verwendung einer Karte als Grundlage aus dem Weidner Händle Atelier, Stuttgart.

Ebenfalls zum Thema erhältlich:

Robert de Taube

Das offene Versteck

Bericht eines jüdischen Landwirts aus Ostfriesland, der in Berlin im Versteck der Menge den Deportationen nach Auschwitz entkam.

Herausgegeben von Hartmut Peters.

Im Jahre 2018 kamen in Kentucky, USA, drei Audio-Kassetten ans Licht. Auf ihnen schildert der jüdische Landwirt Robert de Taube (1896 – 1982) aus Ostfriesland seine Überlebensgeschichte. Während die Deportationszüge von Berlin nach Auschwitz rollten, fand er Versteck in den Straßen der Reichshauptstadt und den Waggons der Stadtbahn. Er fuhr kreuz und quer durchs Liniennetz bis hin in die Vororte Beelitz und Bernau, handelte mit Gemüse, Obst und Kleidung, arbeitete als Gärtner und wechselte ständig seinen nächtlichen Unterschlupf. Im Villenviertel von Grunewald fand er seine beste Bastion. Eine NS-Funktionärin verliebte sich in ihn. Ohne mutige Helfer hätte er nicht überlebt.

Nach der Befreiung 1945 wollte Robert de Taube sofort zurück auf seinen Gutshof bei Wilhelmshaven, der Kampf um die Wiedererlangung des vom NS-Staat geraubten Eigentums lag vor ihm. Sein Bericht zeugt von Klugheit und Glück in den Zeiten des Holocausts – und vom Preis, die permanente Wachsamkeit vor der SS und das Bleiben im Land der Täter forderten. Robert de Taube hat uns einen einzigartigen Beitrag zum Verstehen von „Heimat" vermacht.

Hartmut Peters hat das Interview ediert und mit einer Einleitung versehen.

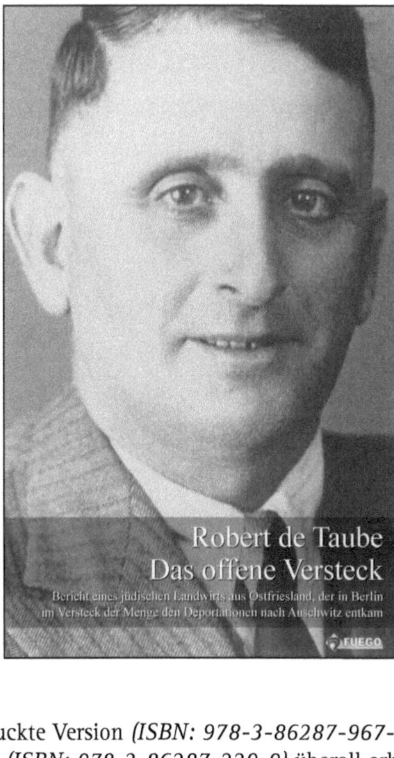

Als gedruckte Version *(ISBN: 978-3-86287-967-0)* und als Ebook *(ISBN: 978-3-86287-229-9)* überall erhältlich!

Eckhard Harjes

Das Haus in der Schlosserstraße

Eine Erzählung über Fritz Levy.

Der Viehhändler Fritz Levy. Letzter Jude von Jever. Geboren 1901. 1939 Flucht vor den Nazis nach China und Amerika. 1950 Exil und Rückkehr nach Jever. Schwere Depressionen in den 1960er Jahren. In den 1970ern nannte er sich „Berufsverbrecher, Viehlosoph und Stabsdirektor". 1981 wurde er Ratsmitglied: Freitod 1982.

Wer war Fritz Levy? War er ein Spinner oder ein Clown? War er ein Provokateur oder ein Genie? Was hat ihn bewegt? Wie hat er gelebt? Hatte er Familie, Frau und Kinder? Warum ist er zurückgekommen nach Jever? Was hat ihn bewogen im hohen Alter für den Stadtrat zu kandidieren? Weshalb hat er den Freitod gewählt? Warum bewegt uns Fritz Levy noch immer?

Es gibt viele Fragen rund um Fritz Levy, viele Legenden, Halbwahrheiten und jede Menge Unfug, der über ihn geredet wird. Eckhard Harjes erzählt in seinem Buch eindrucksvoll das Leben seines Freundes Fritz Levy unter Einbezug der heute bekannten Fakten.

Als 14-jähriger lernte er Levy 1974 in Jever kennen. „Dieser Mann hat mich in all den Jahren nie mehr losgelassen. Er war irgendwie immer in meinem Kopf. Mal mehr, mal weniger", sagt Eckhard Harjes heute zurückblickend. Fritz Levy bewegt die Gemüter seit

Jahrzehnten. Seine Lebensthemen – Ausgrenzung, Rassismus, Flucht und Exil – sind aktueller denn je.

Fritz Levy hilft dabei Stellung zu beziehen gegen Rassismus, gegen das Vergessen und für eine demokratische Gesellschaft.

Hartmut Peters, Jahrgang 1949, studierte Germanistik, Soziologie, Politologie und Geschichte. Er arbeitete bis 2014 am Mariengymnasium Jever als Lehrer für Deutsch und Politik sowie als Leiter der Bibliothek der Schule, deren umfangreichen Bestände bis in das Jahr 1491 zurückreichen. Er ist Mitbegründer des Gröschler-Hauses Jever, Zentrum für jüdische Geschichte und Zeitgeschichte der Region Friesland-Wilhelmshaven, und Herausgeber des Internet-Magazins groeschlerhaus.eu. Peters publiziert über die jüngere Landesgeschichte Nordwestdeutschlands und wurde 2019 mit dem Bundesverdienstkreuz ausgezeichnet.

Weitere Informationen zu den historischen Fakten unter:

www.groeschlerhaus.eu

Fuego ist eine unabhängige Musik-, Buch- und Design-Edition. 1984 als Musik-Label gegründet, umfasst das Repertoire heute mehrere tausend vorwiegend digitale Veröffentlichungen - schwerpunktmäßig mit deutscher Musik- und Lesekultur aus allen Bereichen der letzten sechzig Jahre. Hierzu zählen zahlreiche, lange vergriffene Wiederveröffentlichungen, aber auch aktuelle Neuerscheinungen junger Musiker und Autoren. Besuchen Sie unsere Webseite und stöbern Sie durch die einzelnen Bereiche. Unsere Veröffentlichungen sind in allen bekannten Shops weltweit erhältlich.

Mehr über Fuego unter:

www.fuego.de